NEW 후다닥 여행 베트남어

VIETNAM
Speed Speaking

정보라 지음

동양북스

NEW 후다닥 여행베트남어
VIETNAM Speed Speaking

초판 5쇄 발행 | 2019년 1월 10일

지은이 | 정보라
발행인 | 김태웅
편집장 | 강석기
편　집 | 김현아, 안현진, 장아름
디자인 | 방혜자, 김효정, 서진희
마케팅 총괄 | 나재승
마케팅 | 서재욱, 김귀찬, 오승수, 조경현, 양수아, 김성준
온라인 마케팅 | 김철영, 양윤모
제　작 | 현대순
총　무 | 김진영, 안서현, 최여진, 강아담
관　리 | 김훈희, 이국희, 김승훈

발행처 | (주)동양북스
등　록 | 제2014-000055호
주　소 | 서울시 마포구 동교로22길 12 (04030)
전　화 | (02)337-1737
팩　스 | (02)334-6624

http://www.dongyangbooks.com
m.dongyangbooks.com(모바일)

ISBN 978-89-8300-714-8 13790

ⓒ 정보라, 2011

▶ 본 책은 저작권법에 의해 보호를 받는 저작물이므로 무단 전재와 복제를 금합니다.
▶ 잘못된 책은 구입처에서 교환해 드립니다.

머리글

생각만 해도 설레는 해외여행!

여권준비, 비행기 예약, 숙소 예약, 드디어 출국!

여행을 앞두고 이것저것 다 준비한 것 같은데, 무언가가 허전하다면.

바로 중요한 언어 문제일 것입니다.

이왕 떠나는 신나는 여행인데, 언어에 대한 아무런 준비도 없이 허술히 떠난다면 얼마나 아쉽겠습니까?

자, 그럼 큰맘 먹고 가는 즐거운 여행,

회화책 한 권은 들고 여행을 떠나야겠죠?

이 책은 바로 자신 있게 여행길에 오르고 싶은 분들을 위해 기획한 책입니다. 해외여행 기본상식, 여행 준비자료 등과 함께 그 곳에서 바로 쓸 수 있도록 실용적인 회화문을 위주로 담았습니다. 그림으로 쉽게 찾아볼 수 있도록 출국장에서, 기내에서, 공항에서, 호텔에서, 현지관광 등에서 각 장소별로 주로 쓰이는 회화 중심으로 실려 있기 때문에, 기본적인 표현은 쉽게 구사할 수 있을 것입니다.

Chapter 0에서는 모르는 베트남 어휘를 그때그때 쉽게 쓸 수 있도록 별도로 엮었습니다.

해외로 떠나는 신나는 여행?

이젠 '후다닥 여행 베트남어'와 함께 떠나세요.

여행길에 든든한 친구가 되어 줄 것입니다.

이 책의 활용법

각 Chapter별 Tip

알아두면 유용한 해외여행 Know-how를 제시합니다. 여행 짐싸기부터 귀국 준비까지 여러분의 여행을 한층 업그레이드해 줄 상세한 팁들로 여행 준비를 도와 드립니다.

그림으로 보여 주는 알짜 단어

해당 주제 아래 다시 작은 주제별로 필요한 단어들을 모았습니다. 알짜 표현에 맞게 다양한 그림들을 함께 묶어 갑작스럽게 단어를 구사해야 하는 상황에서 실용적으로 사용할 수 있습니다.

표현

어떤 상황에서라도 꼭 필요한 문장을 쉽게 찾아볼 수 있도록 편리하게 chapter별로 인덱스를 해 놓았습니다. 상황에 따라 찾아 보면서 필요한 표현들을 익혀 보세요.

mp3 다운로드

책 속의 모든 표현에 대한 한글과 베트남어를 현지인의 음성으로 녹음하였습니다. mp3 파일은 동양북스(http://www.dongyangbooks.com)에서 내려 받으실 수 있습니다.

차례

이 책의 활용법 04
차례 06

CHAPTER 0 그림으로 보여 주는 알짜 단어

Tip. 베트남어 발음의 기초 12
기내에서 16
입국 심사대에서 17
숙소에서 18
거리에서 20
식당에서 23
쇼핑에서 29
병원, 약국에서 36
시간, 날짜 38
주일, 계절 39
월 40
색깔 41
숫자 42

CHAPTER 1 기본표현

Tip. 베트남 소개 46
인사하기 48
소개하기 50
안부 묻기 52
감사할 때 54
대답하기 56
미안할 때 58
부탁하기 60
거절하기 62
행동을 제약할 때 64
권유하기 66
양해 구하기 68
문제가 생겼을 때 70
질문하기 72
의문사로 물을 때 74
수를 물을 때 76
다시 한번 물을 때 78
장소를 물을 때 80
방법을 물을 때 82
헤어질 때 84
알아두면 편리한 표현 86

CHAPTER 2 기내

Tip. 여권과 비자 90
기내 서비스 요청하기 92
식사와 음료를 제공할 때 94
불편을 호소하기 96

CHAPTER 3 공항

Tip. 도착지 공항에서 100
입국 심사할 때 102
세관 검사할 때 104
환전하기 106
마중 나온 사람이 있을 때 108
교통 이용하기 110

CHAPTER 4 호텔

Tip. 다양한 숙박시설 114
체크인 (예약을 한 경우) 116
체크인 (예약을 안 한 경우) 118
룸서비스 요청하기 120

물건 보관함 이용하기 122
세탁을 부탁할 때 124
호텔에서 아침 식사하기 126
호텔 체크아웃할 때 128

CHAPTER 5 식당

Tip. 식당 이용하기 132
고급식당에서 식사할 때 134
초대에 응하여 식사할 때 136
간단하게 식사할 때 138
커피숍에서 140
술집에서 142

CHAPTER 6 교통

Tip. 교통수단 146
오토바이 타기 148
버스 타기 150
장거리 버스 타기 152
택시 타기 154
기차 타기 (1) 156

차례

기차 타기 (2) 158
비행기 좌석 예약하기 160
탑승 수속할 때 162
배 타기 (1) 164
배 타기 (2) 166

CHAPTER 7 관광

Tip. 관광 준비 170
관광지를 물을 때 172
혼자 여행할 때 (길 묻기) 174
소재지를 물을 때 176
길을 잃었을 때 178
베트남 내 단체 여행 합류할 때 . 180
베트남인과 함께 여행할 때 (1) . 182
베트남인과 함께 여행할 때 (2) . 184
기타 유용한 표현 186
박물관 구경하기 188
극장 관람하기 190
화장실 찾을 때 192
사진촬영을 부탁할 때 194

CHAPTER 8 쇼핑

Tip. 물건 사기 198
백화점에서 200
시장에서 202
가격 흥정하기 204
물건을 바꿀 때 206
기타 유용한 표현 208

CHAPTER 9 비즈니스&골프

Tip. 베트남과 비즈니스 212
Tip. 골프장 이용 215
회사 방문할 때 216
공장 견학할 때 218
업무 상담할 때 (1) 220
업무 상담할 때 (2) 222
계약 체결할 때 224
접대에 응했을 때 226
전화 통화 228
골프장 프런트에서 230
티업하러 가면서 (1) 232
티업하러 가면서 (2) 234

티업 10번 홀에서 (1) 236
티업 10번 홀에서 (2) 238
세컨샷 지점에서 (1) 240
세컨샷 지점에서 (2) 242
그린에서 (1) 244
그린에서 (2) 246
골프를 마치면서 (1) 248
골프를 마치면서 (2) 250

CHAPTER 10 공공시설

Tip. 베트남의 서비스 시설 254
시내 전화 걸기 256
잘못 걸었을 때 258
부재중일 때 260
호텔 룸에서 한국으로
국제 전화 걸기 262
수신자부담 전화 걸기 264
팩스 보내기 266
환전하기 268
한국으로 편지 보내기 270
한국으로 소포 부치기 272

기타 유용한 표현 274

CHAPTER 11 긴급상황

Tip. 트러블 대처법 278
공항에서 짐을 찾지 못했을 때 . 280
여권을 분실했을 때 282
지갑을 도난 당했을 때 284
병원에서 (1) 286
병원에서 (2) 288
의사가 하는 표현 (1) 290
의사가 하는 표현 (2) 292
의사가 하는 표현 (3) 294
기타 유용한 표현 296

CHAPTER 12 귀국

Tip. 귀국할 때 공항에서 300
귀국편 예약할 때 302
예약 재확인하기 304
탑승 수속할 때 306
배웅 인사할 때 308

Chapter 0

그림으로 보여 주는
알짜 단어

Tip. 베트남어 발음의 기초

기내에서
입국 심사대에서
숙소에서
거리에서
건물 | 위치
식당에서
음식 | 음료 | 술 |
조미료 | 식기 | 계산

쇼핑에서
전자제품 | 잡화 | 의류 |
쇼핑에 필요한 기본 형용사
병원, 약국에서
약 | 병명
시간, 날짜
주일, 계절
월
색깔
숫자

Tip. 베트남어 발음의 기초

1 표준 베트남어

54개의 종족으로 이루어진 베트남에서 베트남어는 자국인의 공용어로서 로마자에 성조를 표시해서 표기하며, 수도 하노이 지방의 발음을 표준 베트남어로 정하고 있다.

2 베트남어의 29개 문자

베트남어의 표준어는 수도 하노이를 중심으로 한 북부 발음이다. 북부, 중부, 남부 세 지방에 따라 어휘, 발음, 성조의 차이가 있고, f, j, w, z가 없으며 đ가 추가되어 29개의 문자를 이루고 있다.

문자	명칭	발음	문자	명칭	발음
A	a	아	N	en-nờ	ㄴ
Ă	á	아	O	o	오
Â	ớ	어	Ô	ô	오
B	bê	ㅂ	Ơ	ơ	어
C	xê	ㄲ	P	pê	ㅃ
D	dê	ㅈ	Q	cu	ㄲ
Đ	đê	ㄷ	R	e-rờ	ㅈ
E	e	애	S	ét-sì	ㅆ
Ê	ê	에	T	tê	ㅌ
G	giê	ㄱ	U	u	우
H	hát	ㅎ	Ư	ư	으
I	i ngắn	이	V	vê	ㅂ
K	ca	ㄲ	X	ích-xì	ㅆ
L	e-lờ	ㄹ	Y	i dài	이
M	em-mờ	ㅁ			

3 베트남어의 6성조

베트남어는 6개의 성조를 가지고 있다. 알파벳 아래 위에 성조를 붙여서 표기하기 때문에 보기에 편리하다. 성조를 다르게 말하게 되면 전혀 다른 뜻이 되므로 정확히 발음하는 것이 중요하다. 한편, 남부지방에서는 thanh ngã를 thanh hỏi로 발음하는 경향이 있다.

차례	성조명	표시	예
1	Thanh ngang 타인 응앙	모음 위, 아래 아무런 표시가 없음	ba, ma
2	Thanh huyền 타인 후이엔	모음 위에 ` 표시가 있음	bà, mà
3	Thanh ngã 타인 응아	모음 위에 ~ 표시가 있음	bã, mã
4	Thanh hỏi 타인 호이	모음 위에 ? 표시가 있음	bả, mả
5	Thanh sắc 타인 삭	모음 위에 ′ 표시가 있음	bá, má
6	Thanh nặng 타인 낭	모음 아래에 . 표시가 있음	bạ, mạ

Tip. 베트남어 발음의 기초

1. Thanh ngang 평평하게 발음한다.

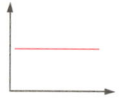

2. Thanh huyền 평평하게 아래로 내려서 발음한다.

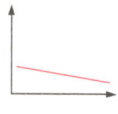

3. Thanh ngã 중간에 잠시 낮아졌다가 급격히 꺾이는 상승음으로 발음한다.

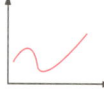

4. Thanh hỏi 부드럽게 내려오다가 다시 처음 음조까지 올리며 발음한다.

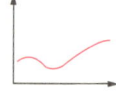

5. Thanh sắc 평평하게 위로 올려서 발음한다.

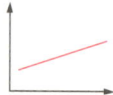

6. Thanh nặng 짧게 떨어지는 저음으로 발음한다.

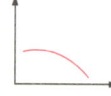

4 베트남어 2인칭

베트남어에서 '당신, 너'를 지칭하는 말은 다음과 같다.
성별, 나이에 따라 단어가 달라진다.

Ông	옹	할아버지, 나이가 지긋하거나 사회적 지위가 높은 남성에게 쓰임
Bà	바	할머니, 나이가 지긋한 여성에게 쓰임
anh	아인	오빠, 형, 손위 남성에게 쓰임 (자신보다 나이가 어려도 상대를 높여줄 때 사용)
Chị	찌	누나, 언니, 손위 여성에게 쓰임 (자신보다 나이가 어려도 상대를 높여줄 때 사용)
Cô	꼬	고모, 성인 여자, 여자 선생님에게 쓰임
Em	앰	동생, 나이가 어린 사람에게 남녀 구분 없이 쓰임

기내에서

아래 단어를 빈칸에 넣어 보세요

_____ 주세요.
Cho tôi _____.
　　　　쪼　또이

물
nước
느억

오렌지 주스
nước cam
느억 깜

맥주
bia
비어

와인
rượu vang
즈어우 방

휴지
khăn giấy
칸 져이

신문
báo
바오

입국 심사대에서

아래 단어를 빈칸에 넣어 보세요

입국 목적은 _____ 입니다.
Mục đích nhập cảnh là _____.
묵 딕 녑 까인 라

관광
du lịch
주 릭

비즈니스
kinh doanh
낀 조아인

공부
học tập
혹 떱

유학
du học
주 혹

친구방문
thăm bạn bè
탐 반 배

친척방문
thăm họ hàng
탐 호 항

17

숙소에서

여기 _____ 있어요?
Ở đây có _____ không ?
어 더이 꼬　　　　　　콩

텔레비전
ti vi
띠 비

인터넷 pc
máy vi tính kết nối internet
마이 비 띤 껟 노이 인떠넷

전화
máy điện thoại
마이 디엔 토아이

이불
chăn
짠

전등
đèn điện
댄 디엔

두루마리 화장지
giấy vệ sinh
져이 베 신

열쇠
chìa khóa
찌어 코아

베개
gối
고이

타월
khăn
칸

아래 단어를 빈칸에 넣어 보세요

_____ 이 어디에 있어요?

_____ ở đâu?
어 더우

비누
xà phòng
싸 퐁

샴푸
dầu gội đầu
저우 고이 더우

치약
kem đánh răng
깸 다인 장

칫솔
bàn chải đánh răng
반 짜이 다인 장

식당
nhà hàng
냐 항

화장실
nhà vệ sinh
냐 베 신

거리에서

건물

▢이 어디에 있어요?

▢ nằm ở đâu?
　남　어 더우

역
nhà ga
냐 가

버스정류장
bến đỗ xe buýt
벤 도 쌔 부잇

백화점
cửa hàng
bách hoá
끄어 항 바익 호아

서점
nhà sách
냐 사익

화장실
nhà vệ sinh
냐 베 신

레스토랑
nhà hàng
냐 항

패스트푸드점
nhà hàng đồ ăn nhanh
냐 항 도 안 냐인

술집
Qúan bar
꾸안 바

슈퍼
siêu thị
시에우 티

아래 단어를 빈칸에 넣어 보세요

_____ 이 어디에 있어요?

_____ nằm ở đâu?
남 어 더우

은행
ngân hàng
응언 항

우체국
bưu điện
브우 디엔

병원
bệnh viện
베인 비엔

파출소
sở cảnh sát
서 까인 삿

커피숍
quán cà phê
꾸안 까 페

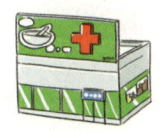

약국
nhà thuốc
나 투옥

거리에서 / 위치

아래 단어를 빈칸에 넣어 보세요

위치에 관한 베트남어

동쪽
phía đông
피어 동

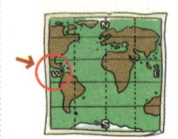

서쪽
phía tây
피어 떠이

남쪽
phía nam
피어 남

북쪽
phía bắc
피어 박

앞 / 뒤
trước / sau
쯔억 / 사우

왼쪽 / 오른쪽
bên trái /
bên phải
벤 짜이 / 벤 파이

가깝다 / 멀다
gần / xa
건 / 싸

이쪽 / 그쪽 / 저쪽
bên này / bên đấy
/ bên kia
벤 나이 / 벤 더이 / 벤 끼어

22 후다닥 여행 베트남어

식당에서

음식

아래 단어를 빈칸에 넣어 보세요

☐ 주세요.

Cho tôi ☐.
쪼 또이

햄버거
Hăm Bơ Gơ
햄 버 거

스테이크
thịt bò bít tết
팃 보 빗 뗏

과일
hoa quả
호아 꾸아

빵
bánh mì
바인 미

케이크
bánh ga-tô
바인 가-또

요거트
sữa chua
스어 쭈어

아이스크림
kem
깸

카레라이스
cơm cà ri
껌 까 리

쌀국수
phở
퍼

식당에서

음식

☐ 주세요.
Cho tôi ☐ .
쪼 또이

새우 요리
món tôm
몬 똠

연어 요리
món cá hồi
몬 까 호이

생선 요리
món cá
몬 까

해산물 요리
món hải sản
몬 하이 산

수프
súp
숩

고기
thịt
팃

쇠고기
thịt bò
팃 보

닭고기
thịt gà
팃 가

돼지고기
thịt lợn
팃 런

양고기
thịt cừu
팃 끄우

칠면조고기
thịt gà tây
팃 가 떠이

음료 · 술 아래 단어를 빈칸에 넣어 보세요

___ 주세요.
Cho tôi ___.
쪼 또이

커피
cà phê
까 페

코코아
nước ca cao
느억 까 까오

생딸기주스
sinh tố dâu
신 또 저우

콜라
cô ca
꼬까

우유
sữa
스어

두유
sữa đậu
스어 더우

찬 거 / 따뜻한 거
Cái lạnh/Cái nóng
까이 라인/까이 농

생맥주
bia tươi
비어 뜨어이

병맥주
bia chai
비어 짜이

양주
rượu mạnh
즈어우 마인

와인
rượu vang
즈어우 방

식당에서

조미료

▢ 주세요.

Cho tôi ▢.
쪼 또이

간장
xì dầu
씨 저우

겨자
mù tạt
무 땃

마늘
tỏi
또이

소금
muối
무오이

고추
ớt
엇

소스
nước xốt
느억 쏫

설탕
đường
드엉

후추
hạt tiêu
핫 띠에우

식초
dấm
점

고추냉이
wasabi
와사비

참기름
dầu mè
저우 매

된장
tương
뜨엉

식기

아래 단어를 빈칸에 넣어 보세요

_____ 주세요.

Cho tôi _____.

쪼 또이

숟가락
thìa
티어

젓가락
đũa
두어

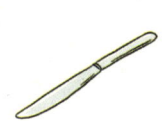

칼
dao
자오

유리컵
cốc
꼭

포크
nĩa
니어

접시
đĩa
디어

밥그릇
bát
밧

식당에서

계산

아래 단어를 빈칸에 넣어 보세요

[ ]로 계산할게요.

Tôi trả bằng [   ].
또이 짜 방

현금
tiền mặt
띠엔 맛

카드
thẻ
태

쇼핑에서

전자제품

아래 단어를 빈칸에 넣어 보세요

_____ 을 원해요.

Tôi muốn _____.

또이 무온

데스크탑 컴퓨터
máy tính để bàn
마이 띤 데 반

노트북
máy tính xách tay
마이 띤 싸익 따이

휴대폰
điện thoại di động
디엔 토아이 지 동

아이팟 mp3
ipot mp3
아이뽓 앰빼바

디지털 카메라
máy ảnh kỹ thuật số
마이 아인 끼 투엇 소

이어폰
tai nghe
따이 응애

영화 DVD
đĩa phim
디어 핌

DVD게임 소프트
đĩa trò chơi
디어 쪼 쩌이

쇼핑에서 잡화 · 일용품

☐☐☐☐☐☐☐ 을 원해요.
Tôi muốn ☐☐☐☐☐☐☐.
또이 무온

시계
đồng hồ
동 호

안경
kính
낀

선글라스
kính râm
낀 점

휴대폰 줄
dây đeo di động
저이 대오 지 동

지갑
ví
비

반지
nhẫn
년

목걸이
vòng cổ
봉 꼬

팔찌
vòng tay
봉 따이

귀걸이
khuyên tai
쿠이엔 따이

잡화 · 일용품

아래 단어를 빈칸에 넣어 보세요

| _____을 원해요.
Tôi muốn _____.
또이 무온

담배
thuốc lá
투옥 라

라이터
bật lửa
벗 르어

우산
ô
오

화장품
mỹ phẩm
미 펌

가방
túi xách
뚜이 싸익

쇼핑에서

의류

[_____]을 원해요.
Tôi muốn [_____].
또이 무온

셔츠
áo
아오

티셔츠
áo phông
아오 퐁

와이셔츠
áo sơ mi
아오 서 미

블라우스
áo cánh
아오 까인

스웨터
áo len
아오 랜

양복
complet
꼼레

원피스
áo một mảnh
아오 못 마인

넥타이
cà vạt
까 밧

양말
bít tất
빗 떳

의류

아래 단어를 빈칸에 넣어 보세요

_____ 을 원해요.
Tôi muốn _____.
또이 무온

코트
áo khoác
아오 코악

바지
quần
꾸언

청바지
quần bò xanh
꾸언 보 싸인

스커트
váy
바이

구두
giày
자이

운동화
giày thể thao
자이 테 타오

모자
mũ
무

쇼핑에서

쇼핑에 필요한 기본 형용사

☐ 을 원해요.
Tôi muốn ☐.
또이 무온

비싸다
cái đắt
까이 닷

싸다
cái rẻ
까이 재

크다
cái to
까이 또

작다
cái nhỏ
까이 뇨

가볍다
cái nhẹ
까이 녜

무겁다
cái nặng
까이 낭

아래 단어를 빈칸에 넣어 보세요

_____ 을 원해요.

Tôi muốn _____.

또이 무온

짧다
cái ngắn
까이 응안

길다
cái dài
까이 자이

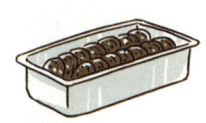

많다
cái nhiều
까이 니에우

적다
cái ít
까이 잇

새롭다
cái mới
까이 머이

낡다
cái cũ
까이 꾸

35

병원, 약국에서 — 약

아래 단어를 빈칸에 넣어 보세요

_____ 을 원해요.

Tôi muốn _____.
또이 무온

소독약
thuốc tẩy uế
투옥 떠이 우에

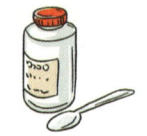
감기약
thuốc cảm
투옥 깜

해열진통제
thuốc hạ sốt
투옥 하 솟

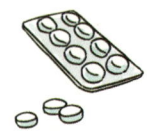
소화제
thuốc tiêu hoá
투옥 띠에우 호아

변비약
thuốc táo bón
투옥 따오 본

멀미약
thuốc chống say
투옥 쫑 사이

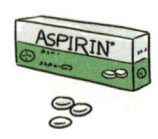
아스피린
thuốc aspirin
투옥 아스삐린

연고
thuốc mỡ
투옥 머

병원, 약국에서

병명   아래 단어를 빈칸에 넣어 보세요

_____ 에요.
Tôi bị _____.
또이 비

감기
cảm
깜

식중독
ngộ độc thực phẩm
응 오 특 펌

두통
đau đầu
다우 더우

복통
đau bụng
다우 붕

위통
đau dạ dày
다우 자 자이

치통
đau răng
다우 장

변비
táo bón
따오 본

생리통
đau bụng kinh
다우 붕 낀

멀미
say xe
사이 쌔

시간, 날짜

몇 시예요?
Mấy giờ?
머이 져

시간		
시	giờ	져
한 시	một giờ	못 져
두 시	hai giờ	하이 져
분	Phút	풋
초	giây	져이
오전	buổi sáng	부오이 상
오후	buổi chiều	부오이 찌에우
10초	mười giây	므어이 져이
5분	năm phút	남 풋
10분	mười phút	므어이 풋
30분	ba mươi phút	바 므어이 풋

날짜		
일, 하루	ngày	응아이
오전	buổi sáng	부오이 상
오후	buổi chiều	부오이 찌에우
저녁	buổi tối	부오이 또이
밤	ban đêm	반 뎀
정오	buổi trưa	부오이 쯔어
오늘	hôm nay	홈 나이
어제	hôm qua	홈 꾸아
내일	ngày mai	응아이 마이
오늘 아침	Sáng nay	상 나이
오늘 저녁	tối nay	또이 나이
오늘 밤	đêm nay	뎀 나이

무슨 요일이에요?
(Hôm) thứ mấy?
(홈) 트 머이

주일		
주	Tuần	뚜언
일요일	(hôm) chủ nhật	(홈) 쭈 녓
월요일	(hôm) thứ hai	(홈) 트 하이
화요일	(hôm) thứ ba	(홈) 트 바
수요일	(hôm) thứ tư	(홈) 트 뜨
목요일	(hôm) thứ năm	(홈) 트 남
금요일	(hôm) thứ sáu	(홈) 트 사우
토요일	(hôm) thứ bảy	(홈) 트 바이
공휴일	ngày nghỉ	응아이 응이
이번 주	tuần này	뚜언 나이
다음 주	tuần sau	뚜언 사우
지난주	tuần trước	뚜언 쯔억

계절		
계절	mùa	무어
봄	mùa xuân	무어 쑤언
여름	mùa hè	무어 해
가을	mùa thu	무어 투
겨울	mùa đông	무어 동

월 | 몇 월이에요?
Tháng mấy?
탕　머이

월		
달(月)	tháng	탕
1월	Tháng một	탕 못
2월	Tháng hai	탕 하이
3월	Thàng ba	탕 바
4월	Tháng tư	탕 뜨
5월	Tháng năm	탕 남
6월	Tháng sáu	탕 사우
7월	Tháng bảy	탕 바이
8월	Tháng tám	탕 땀
9월	Tháng chín	탕 찐
10월	Tháng mười	탕 므어이
11월	Tháng mười một	탕 므어이 못
12월	Tháng mười hai	탕 므어이 하이
이번 달	Tháng này	탕 나이
다음 달	Tháng sau	탕 사우
지난 달	Tháng trước	탕 쯔억

색깔

_____를 찾아요.

Tôi tìm _____.

또이 띰

색깔		
■ 갈색	Màu nâu	마우 너우
■ 검은색	Màu đen	마우 댄
■ 노란색	Màu vàng	마우 방
■ 녹색	Màu xanh lá cây	마우 싸인 라 꺼이
■ 보라색	Màu tím	마우 띰
■ 분홍색	Màu hồng	마우 홍
■ 빨간색	Màu đỏ	마우 도
■ 오렌지색	Màu cam	마우 깜
■ 푸른색	Màu xanh nước biển	마우 싸인 느억 비엔
■ 회색	Màu xám	마우 쌈
■ 흰색	Màu trắng	마우 짱

숫자 — 몇 개예요?
Bao nhiêu cái?
바오 니에우 까이

숫자 (Number)		
0	Không	콩
1	một	못
2	Hai	하이
3	Ba	바
4	bốn	본
5	năm	남
6	sáu	사우
7	bảy	바이
8	Tám	땀
9	Chín	찐
10	mười	므어이
11	mười một	므어이 못
12	mười hai	므어이 하이
13	mười ba	므어이 바
14	mười bốn	므어이 본
15	mười lăm	므어이 람
16	mười sáu	므어이 사우
17	mười bảy	므어이 바이
18	mười tám	므어이 땀
19	mười chín	므어이 찐
20	Hai mươi	하이 므어이

숫자

30	Ba mươi	바 므어이
40	bốn mươi	본 므어이
50	Năm mươi	남 므어이
60	Sáu mươi	사우 므어이
70	bảy mươi	바이 므어이
80	Tám mươi	땀 므어이
90	Chín mươi	찐 므어이
100	một trăm	못 짬
1,000	một nghìn	못 응인
10,000	mười nghìn	므어이 응인
100,000	một trăm nghìn	못 짬 응인
1,000,000	một triệu	못 찌에우
1/2	một phần hai	못 펀 하이
1/3	một phần ba	못 펀 바
1/4	một phần tư	못 펀 뜨
2배	gấp hai	겁 하이
3배	gấp ba	겁 바
4배	gấp bốn	겁 본
한 번	một lần	못 런
두 번	Hai lần	하이 런
세 번	Ba lần	바 런
1다스	một tá	못 따
2다스	Hai tá	하이 따

Chapter 1 기본표현

Tip. 베트남 소개	부탁하기	의문사로 물을 때
인사하기	거절하기	수를 물을 때
소개하기	행동을 제약할 때	다시 한번 물을 때
안부 묻기	권유하기	장소를 물을 때
감사할 때	양해 구하기	방법을 물을 때
대답하기	문제가 생겼을 때	헤어질 때
미안할 때	질문하기	알아두면 편리한 표현

Tip. 베트남 소개

공식 명칭	베트남 사회주의 공화국 (Socialist Republic of Vietnam)
인구	9,554만명 (2017년 기준)
면적	331,210km²
수도	하노이 (Hanoi)
종족	베트남인 (낀 족 86.2%와 53개 소수민족)
언어	베트남어 (공용어)
종교	불교 (70%), 로마카톨릭교 (10%)
정체	일당 독재체재
당 서기장	응우옌 푸 쫑 (Nguyen Phu Trong)
화폐 단위	동(Đồng)
지역 구분	북부 (하노이 중심, 하이퐁, 라오까이 등) 중부 (후에 중심, 다낭, 꽝닌 등) 남부 (호찌민 시 중심, 롱쑤엔, 붕따우 등)
기후	열대 몬순 기후
시차	우리나라보다 2시간 느림

하노이

아오자이

기본 표현 — 인사하기

안녕하십니까? (남성)

안녕하십니까? (여성)

또 만납시다.

내일 만납시다.

잘 지내세요.

행운을 빕니다.

잘 부탁드립니다.

안녕히 가세요.

Xin chào anh.
씬 짜오 아인

Xin chào chị.
씬 짜오 찌

Hẹn gặp lại.
핸 갑 라이

Hẹn gặp ngày mai.
핸 갑 응아이 마이

Tạm biệt.
땀 비엣

Chúc may mắn.
쭉 마이 만

Mong được giúp đỡ bạn.
몽 드억 줍 더 반

Xin chào.
씬 짜오

기본 표현 — 소개하기

저는 정보라라고 합니다.

당신의 성은 무엇입니까?

제 성은 정이고 이름은 보라입니다.

당신의 이름은 무엇입니까?

이 분은 Mr.강입니다.

만나서 반갑습니다.

당신은 어느 나라 사람입니까?

저는 한국사람입니다.

Tôi là BORA JEONG.
또이 라 보라   정

Họ của bạn là gì?
호 꾸어 반 라 지

Họ của tôi là JEONG, tên là BORA.
호 꾸어 또이 라 정   뗀 라 보라

Bạn tên là gì?
반 뗀 라 지

Đây là anh (ông) KANG.
더이 라 아인 (옹)   강

Rất vui được gặp bạn.
젓 부이 드억 갑 반

Bạn là người nước nào?
반 라 응어이 느억 나오

Tôi là người Hàn Quốc.
또이 라 응어이 한 꾸옥

기본 표현 — 안부 묻기

잘 지내십니까?

잘 지냅니다. 감사합니다.

당신은요?

요즘 어떠십니까?

요즘 일이 바쁘세요?

사업이 어떠십니까?

그저 그렇습니다.

바쁩니다. / 안 바빠요.

Bạn có khoẻ không?
반 꼬 코애 콩

Tôi khoẻ. Cảm ơn.
또이 코애 깜 언

Còn bạn?
꼰 반

Dạo này thế nào?
자오 나이 테 나오

Dạo này việc có bận lắm không?
자오 나이 비엑 꼬 번 람 콩

Công việc thế nào?
꽁 비엑 테 나오

Bình thường.
빈 트엉

Bận lắm. / Không bận nhiều.
번 람 콩 번 니에우

기본 표현 — 감사할 때

고맙습니다.

정말 감사합니다.

도움을 주셔서 감사합니다.

초청해 주셔서 감사합니다.

염려해 주셔서 감사합니다.

오늘 폐 많이 끼쳤습니다.

괜찮습니다.

별 것 아닙니다.

Cảm ơn.
깜 언

Xin cảm ơn nhiều.
씬 깜 언 니에우

Tôi rất cảm ơn sự giúp đỡ của bạn.
또이 젓 깜 언 스 줍 더 꾸어 반

Tôi rất cảm ơn vì lời mời của bạn.
또이 젓 깜 언 비 러이 머이 꾸어 반

Tôi rất cảm ơn vì bạn đã lo lắng cho tôi.
또이 젓 깜 언 비 반 다 로 랑 쪼 또이

Hôm nay tôi đã làm phiền bạn nhiều.
홈 나이 또이 다 람 피엔 반 니에우

Không sao.
콩 사오

Không có gì.
콩 꼬 지

기본 표현 대답하기

그렇습니까?

예.

아니요.

맞습니다.

동의합니다.

알겠습니다.

모르겠습니다.

Thế à?
테 아

Vâng.
벙

Không.
콩

Đúng.
둥

Đồng ý.
동 이

Hiểu.
히에우

Không biết.
콩 비엣

기본 표현 미안할 때

미안합니다.

정말 미안합니다.

양해 바랍니다.

고의가 아닙니다.

용서하세요.

제가 늦었습니다.

괜찮습니다.

걱정 마세요.

Xin lỗi.
씬 로이

Thật sự xin lỗi.
텃 스 씬 로이

Xin thông cảm.
씬 통 깜

Không cố ý.
콩 꼬 이

Xin hãy tha thứ.
씬 하이 타 트

Tôi đã đến muộn.
또이 다 덴 무온

Không sao.
콩 사오

Đừng lo.
등 로

기본 표현 　부탁하기

밥을 먹고 싶습니다.

커피를 원합니다.

저것을 원합니다.

이것으로 주세요.

좀 좋은 것을 원합니다.

표 두 장 주세요.

물 좀 주세요.

앉으세요.

Tôi muốn ăn cơm.
또이 무온 안 껌

Tôi muốn cà phê.
또이 무온 까 페

Tôi muốn cái kia.
또이 무온 까이 끼어

Cho tôi cái này.
쪼 또이 까이 나이

Tôi muốn cái tốt hơn.
또이 무온 까이 똣 헌

Cho tôi hai vé.
쪼 또이 하이 배

Cho tôi nước.
쪼 또이 느억

Mời ngồi.
머이 응오이

기본표현 | 기내 | 공항 | 호텔 | 식당 | 교통 | 관광 | 쇼핑 | 비즈니스&골프 | 공공시설 | 긴급상황 | 귀국

기본 표현 거절하기

그곳에 가고 싶지 않습니다.

당신은 이것을 원하십니까?

원합니다.

원하지 않습니다.

술 드시겠습니까?

저는 좋아하지 않습니다.

갈 수 없어요.

거절하지 마세요.

Tôi không muốn đến đó.
또이 콩 무온 덴 도

Bạn có muốn cái này không?
반 꼬 무온 까이 나이 콩

Tôi muốn.
또이 무온

Tôi không muốn.
또이 콩 무온

Bạn có uống rượu không?
반 꼬 우옹 즈어우 콩

Tôi không thích.
또이 콩 틱

Tôi không đi được.
또이 콩 디 드억

Đừng từ chối nữa.
등 뜨 쪼이 느어

기본 표현 — 행동을 제약할 때

당신은 경찰서에 가야 합니다.

저는 아침 9시까지 그곳에 도착해야 합니다.

당신은 30분 안에 여기 들어와야 합니다.

예약해야 합니까?

저는 물건을 살 필요가 없습니다.

당신은 그곳에 갈 필요가 없습니다.

큰 소리 내지 마세요.

금연!

Bạn phải đến sở cảnh sát.
반　파이　덴　서　까인　삿

Tôi phải tới đấy cho đến chín giờ sáng.
또이　파이　떠이 더이　쪼　덴　찐　져　상

Bạn phải đến đây trong ba mươi phút nữa.
반　파이　덴　더이　쫑　바　므어이　풋　느어

Tôi cần phải đặt trước không?
또이　껀　파이　닷　쯔억　콩

Tôi không cần mua hàng hoá.
또이　콩　껀　무어　항　호아

Bạn không cần đến đó.
반　콩　껀　덴　도

Đừng nói to.
등　노이　또

Cấm hút thuốc.
껌　훗　투옥

65

기본 표현 권유하기

편히 하십시오.

들어오세요.

드십시오.

이쪽으로 가십시오.

앉으세요.

잠시만 기다리십시오.

많이 드세요.

더 드시겠습니까?

Xin cứ tự nhiên.
씬 끄 뜨 니엔

Mời vào.
머이 바오

Mời dùng.
머이 중

Mời đi đường này.
머이 디 드엉 나이

Mời ngồi.
머이 응오이

Xin chờ một chút.
씬 쩌 못 쭛

Mời ăn nhiều vào.
머이 안 니에우 바오

Có ăn thêm nữa không?
꼬 안 템 느어 콩

기본 표현 — 양해 구하기

안에 들어가도 됩니까?

여기서 사진 찍어도 좋습니까?

전화를 좀 빌릴 수 있어요?

신용카드를 이용할 수 있나요?

담배 피워도 됩니까?

여기에 앉아도 됩니까?

좀 볼 수 있을까요?

됩니다. / 안 됩니다.

Tôi có thể đi vào trong được không?
또이 꼬 테 디 바오 쫑 드억 콩

Tôi có thể chụp ảnh ở đây được không?
또이 꼬 테 쭙 아인 어 더이 드억 콩

Tôi có thể mượn điện thoại được không?
또이 꼬 테 므언 디엔 토아이 드억 콩

Tôi có thể sử dụng thẻ tín dụng được không?
또이 꼬 테 스 중 태 띤 중 드억 콩

Tôi có thể hút thuốc được không?
또이 꼬 테 훗 투옥 드억 콩

Tôi có thể ngồi đây được không?
또이 꼬 테 응오이 더이 드억 콩

Tôi có thể xem được không?
또이 꼬 테 쌤 드억 콩

Được. / Không được.
드억 콩 드억

기본 표현 — 문제가 생겼을 때

어떻게 하면 좋을까요?

제 짐을 찾지 못했어요.

경찰(의사) 좀 불러 주세요.

제 지갑 (여권)을 잃어버렸어요.

가방을 도둑 맞았어요.

길을 잃어버렸어요.

도와주세요.

배 (머리, 이) 가 아파요.

Tôi làm như thế nào thì tốt?
또이 람 니으 테 나오 티 똣

Tôi chưa lấy được hành lý của tôi.
또이 쯔어 러이 드억 하인 리 꾸어 또이

Làm ơn gọi giúp tôi công an(bác sĩ).
람 언 고이 줍 또이 꽁 안 (박 시)

Tôi bị mất ví (hộ chiếu) của tôi.
또이 비 멋 비 (호 찌에우) 꾸어 또이

Tôi bị trộm túi xách.
또이 비 쫌 뚜이 싸익

Tôi bị lạc đường.
또이 비 락 드엉

Giúp tôi với.
줍 또이 버이

Tôi bị đau bụng. (đầu, răng)
또이 비 다우 붕 (더우 장)

기본 표현 — 질문하기

여기 빈 방 있습니까?

여기 흰 셔츠를 팝니까?

이보다 좀 더 큰 것 있습니까?

얼음물 있습니까?

이 자리에 앉을 사람 있습니까?

다른 색깔 있습니까?

오늘 저녁 시간 있습니까?

이 근처에 슈퍼가 있습니까?

Ở đây có phòng trống không?
어 더이 꼬 퐁 쫑 콩

Ở đây có bán áo sơ mi trắng không?
어 더이 꼬 반 아오 서 미 짱 콩

Có cái to hơn không?
꼬 까이 또 헌 콩

Có nước đá không?
꼬 느억 다 콩

Chỗ này có người không?
쪼 나이 꼬 응어이 콩

Có màu khác không?
꼬 마우 칵 콩

Tối nay có thời gian không?
또이 나이 꼬 터이 쟌 콩

Ở gần đây có siêu thị không?
어 건 더이 꼬 시에우 티 콩

기본 표현 의문사로 물을 때

이 분은 누구십니까?

당신의 집은 어디입니까?

저것은 누구의 것입니까?

무슨 일 있습니까?

우리 어디에서 만날까요?

우리 언제 만날까요?

당신은 무슨 음식을 좋아하시죠?

왜 이렇게 비쌉니까?

| 기본표현 |

| 기내 |
| 공항 |
| 호텔 |
| 식당 |
| 교통 |
| 관광 |
| 쇼핑 |
| 비즈니스&골프 |
| 공공시설 |
| 긴급상황 |
| 귀국 |

Đây là ai?
더이 라 아이

Nhà của bạn ở đâu?
냐 꾸어 반 어 더우

Cái kia là của ai?
까이 끼어 라 꾸어 아이

Có việc gì không?
꼬 비엑 지 콩

Chúng ta gặp ở đâu?
쭝 따 갑 어 더우

Khi nào chúng ta gặp nhau?
키 나오 쭝 따 갑 냐우

Bạn thích ăn món gì?
반 틱 안 몬 지

Sao đắt thế?
사오 닷 테

기본 표현 수를 물을 때

얼마입니까?

여기서 공항까지 시간이 얼마나 걸립니까?

당신은 베트남에서 얼마나 머무르실 예정입니까?

저 건물은 얼마나 높습니까?

올해 나이가 몇입니까?

그 차는 몇 인승입니까?

이 사원은 지은 지 얼마나 됩니까?

당신은 형제가 몇입니까?

Bao nhiêu tiền?
바오 니에우 띠엔

Từ đây đến sân bay mất thời gian bao lâu?
뜨 더이 덴 선 바이 멋 터이 쟌 바오 러우

Bạn định ở Việt Nam trong bao lâu?
반 딘 어 비엣 남 쫑 바오 러우

Toà kia cao bao nhiêu tầng?
또아 끼어 까오 바오 니에우 떵

Năm nay bạn bao nhiêu tuổi?
남 나이 반 바오 니에우 뚜오이

Xe kia có mấy chỗ?
쌔 끼어 꼬 머이 쪼

Chùa này được xây bao lâu rồi?
쭈어 나이 드억 써이 바오 러우 조이

Bạn có mấy anh chị em?
반 꼬 머이 아인 찌 앰

기본 표현 — 다시 한번 물을 때

죄송하지만, 잘 이해하지 못했습니다.

저는 베트남어(영어)를 할 줄 모릅니다.

좀 천천히 말씀해 주세요.

좀 써 주실 수 있나요?

잘못 알아들었는데 다시 한번 말씀해 주세요.

한국어를 하실 줄 아십니까?

여기에 한국어를 하는 분이 있습니까?

잘 듣지 못했습니다.

Xin lỗi, tôi chưa hiểu rõ.
씬 로이 또이 쯔어 히에우 조

Tôi không biết nói tiếng Việt (Anh).
또이 콩 비엣 노이 띠엥 비엣 (아인)

Xin nói chậm cho tôi.
씬 노이 쩜 쪼 또이

Bạn có thể ghi giúp được không?
반 꼬 테 기 줍 드억 콩

Tôi đã nghe nhầm. Mời bạn nói lại cho tôi.
또이 다 응애 념 머이 반 노이 라이 쪼 또이

Bạn có biết nói tiếng Hàn không?
반 꼬 비엣 노이 띠엥 한 콩

Ở đây có người nào nói được tiếng Hàn không?
어 더이 꼬 응어이 나오 노이 드억 띠엥 한 콩

Tôi không nghe rõ được.
또이 콩 응애 조 드억

기본 표현 장소를 물을 때

말씀 좀 묻겠습니다.

화장실이 어디지요?

저는 신한비나은행에 가고 싶은데 어떻게 가지요?

실례지만, 이 근처에 우체국이 어디에 있습니까?

저에게 알려주세요.

당신의 집은 어디입니까?

멉니까?

가깝습니까?

Cho tôi hỏi một chút
쪼 또이 호이 못 쭛

Nhà vệ sinh ở đâu?
냐 베 신 어 더우

Tôi muốn đến ngân hàng Shinhan-Vina nhưng tôi phải đi như thế nào?
또이 무온 덴 응언 항 신한-비나 니응 또이 파이 디 니으 테 나오

Xin lỗi, có bưu điện nào ở gần đây không?
씬 로이 꼬 브우 디엔 나오 어 건 더이 콩

Cho tôi biết.
쪼 또이 비엣

Nhà bạn ở đâu?
냐 반 어 더우

Có xa không?
꼬 싸 콩

Có gần không?
꼬 건 콩

기본 표현 방법을 물을 때

대우호텔로 가려면 어떻게 갑니까?

어떻게 해야 좋을까요?

이 음식은 어떻게 먹습니까?

이 글자는 어떻게 읽나요?

한국으로 전화를 어떻게 겁니까?

그곳은 어떻습니까?

내일은 날씨가 어떻습니까?

요즘 사업이 어떻습니까?

Đến khách sạn Daewoo, tôi phải đi như thế nào?
덴 카익 산 대 우 또이 파이 디 니으 테 나오

Tôi phải làm như thế nào là tốt?
또이 파이 람 니으 테 나오 라 똣

Tôi ăn món ăn này như thế nào?
또이 안 몬 안 나이 니으 테 나오

Tôi đọc chữ này như thế nào?
또이 독 쯔 나이 니으 테 나오

Tôi gọi điện đến Hàn Quốc như thế nào?
또이 고이 디엔 덴 한 꾸옥 니으 테 나오

Bên đấy thế nào?
벤 더이 테 나오

Ngày mai thời tiết thế nào?
응아이 마이 터이 띠엣 테 나오

Dạo này công việc thế nào?
자오 나이 꽁 비엑 테 나오

기본 표현 — 헤어질 때

안녕히 가세요. (계세요.)

또 봅시다.

잠시 후에 봅시다.

한국에 오신 것을 환영합니다.

안전한 여행 되세요.

행운을 빕니다.

다시 만날 때까지 행복하세요.

다시 뵐 수 있기를 바랍니다.

Xin chào.
씬 짜오

Hẹn gặp lại.
핸 갑 라이

Hẹn gặp tý nữa.
핸 갑 띠 느어

Chào mừng đến thăm Hàn Quốc.
짜오 믕 덴 탐 한 꾸옥

Chúc chuyến đi du lịch bình an.
쭉 쭈이엔 디 주 릭 빈 안

Chúc may mắn.
쭉 마이 만

Tôi sẽ rất vui nếu được gặp lại bạn lần sau.
또이 새 젓 부이 네우 드억 갑 라이 반 런 사우

Hy vọng sẽ gặp lại.
히 봉 새 갑 라이

기본 표현 알아두면 편리한 표현

너무 좋습니다.

충분합니다.

별말씀을요. (괜찮습니다.)

진정하세요.

문제없습니다.

어려워하지 마세요.

편하실 대로 하세요.

건강하세요.

Tốt quá.
똣 꾸아

Đủ rồi.
두 조이

Không có gì. (Không sao)
콩 꼬 지 (콩 사오)

Xin hãy bình tĩnh.
씬 하이 빈 띤

Không có vấn đề gì.
콩 꼬 번 데 지

Đừng lấy làm khó.
등 러이 람 코

Xin cứ tự nhiên.
씬 끄 뜨 니엔

Chúc sức khoẻ. / Xin hãy giữ gìn sức khoẻ.
쭉 슥 쾌 씬 하이 즈 진 슥 쾌

Chapter 2 기내

- Tip. 여권과 비자
- 기내 서비스 요청하기
- 식사와 음료를 제공할 때
- 불편을 호소하기
- 입국신고서 작성하기

Tip. 여권과 비자

1 여권

해외에 나갈 때는 여권이 신분증입니다. 해외여행의 첫 단계는 여권 발급이며 가까운 구청에서 발급이 가능합니다. 최근에는 전자여권의 도입으로 여권 위조·변조 및 여권 도용 억제를 통해 여권의 보안성을 극대화하여, 궁극적으로 해외를 여행하는 우리 국민들의 편의를 증진시키는 데 그 목적이 있습니다.

2 전자여권

전자여권은 비 접촉식 IC칩을 내장하여 바이오 인식 정보(Biometric data)와 신원정보를 저장한 여권을 말합니다.
- 바이오 인식 정보 수록 범위: 얼굴
- 신원 정보 수록 범위: 기존 여권과 동일(성명, 여권번호, 생년월일 등)
  또한 전자여권은 기존 여권과 마찬가지로 종이 재질의 책자 형태로 제작됩니다. 다만 앞 표지에는 국제민간항공기구(ICAO)의 표준을 준수하는 전자여권임을 나타내는 로고가 삽입되어 있으며, 뒤 표지에는 칩과 안테나가 내장되어 있습니다.

3 비자

- 15일간 무비자 입국 가능
  6개월 이상 유효한 한국 여권을 소지한 우리나라 국민은 입국 후 15일간 베트남 체류가 가능합니다. (공항·국경 입국 심사 시 15일 체류 기간 부여)
  ※ 체류 목적 불문. (베트남 출국일로부터 30일 경과 후 15일 간 무비자 재입국 가능. 2015. 1. 8~ 출입국법 개정)
  - 15일간 무비자 입국 조건
  - 귀국 또는 제3국 행 항공권 소지
  - 베트남 국내법에 입국 금지자가 아닌 경우
- 무비자 입국 후 15일 이상 체류 희망 시 현지 비자 발급 또는 체류기간 연장 불가능합니다.
  ※ 장기 체류하는 지상사 직원 등은 한국에서 비자를 받아오는 것이 좋으나 일단 베트남에 입국하여 비자를 받을 수도 있습니다.
  ※ 비자 연장 시 베트남 출입국관리국에 직접 신청할 수도 있으나, 여행사를 통해 신청하도록 안내하기도 합니다.

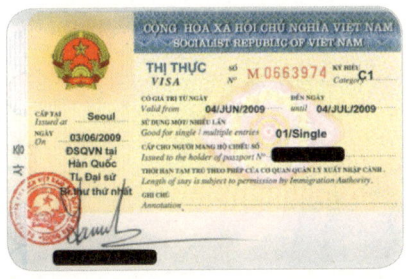

베트남 비자

기내 기내 서비스 요청하기

제 좌석은 어디입니까?

보딩패스 좀 보여주세요.

손님 좌석은 통로편입니다.

실례지만 화장실이 어디입니까?

한국 신문 좀 주세요.

콜라 주세요.

하노이까지 몇 시간 걸립니까?

맥주 한 캔 주세요.

Chỗ ngồi của tôi ở đâu?
쪼 응오이 꾸어 또이 어 더우

Cho tôi xem vé lên máy bay.
쪼 또이 쌤 배 렌 마이 바이

Chỗ ngồi của khách ở phía lối đi.
쪼 응오이 꾸어 카익 어 피어 로이 디

Xin lỗi, phòng vệ sinh ở đâu?
씬 로이 퐁 베 신 어 더우

Cho tôi báo Hàn Quốc.
쪼 또이 바오 한 꾸옥

Cho tôi cô ca.
쪼 또이 꼬 까

Mất thời gian bao lâu thì đến Hà Nội?
멋 터이 쟌 바오 러우 티 덴 하 노이

Cho tôi một lon bia.
쪼 또이 못 론 비어

기내 식사와 음료를 제공할 때

실례합니다. 식사하시겠습니까?

예. 뭐가 있습니까?

소고기와 닭고기가 있습니다.

소고기 주세요.

어떤 음료를 드시겠습니까?

오렌지 주스 주세요.

식사 다 하셨습니까?

물을 좀 더 드릴까요?

Xin lỗi, Bạn có ăn cơm không?
씬 로이 반 꼬 안 껌 콩

Dạ, Có món gì?
자 꼬 몬 지

Có thịt bò và thịt gà.
꼬 팃 보 바 팃 가

Cho tôi thịt bò.
쪼 또이 팃 보

Bạn dùng đồ uống nào?
반 중 도 우옹 나오

Cho tôi nước cam.
쪼 또이 느억 깜

Bạn đã ăn xong chưa?
반 다 안 쏭 쯔어

Bạn có uống thêm nước nữa không?
반 꼬 우옹 템 느억 느어 콩

기내 불편을 호소하기

제 몸이 좋지 않습니다.

어디가 아프세요?

열이 납니다. 두통약 있습니까?

있습니다. 갖다 드릴게요.

물 한 잔 주세요.

토할 것 같아요.

비행기 멀미 같아요. 비닐 있습니까?

비닐은 앞에 있습니다.

Tôi bị ốm.
또이 비 옴

Bạn có đau ở đâu không?
반 꼬 다우 어 더우 콩

Tôi bị sốt. Có thuốc giảm đau không?
또이 비 솟 꼬 투옥 잠 다우 콩

Có. Tôi sẽ lấy thuốc cho bạn.
꼬 또이 새 러이 투옥 쪼 반

Cho tôi một cốc nước.
쪼 또이 못 꼭 느억

Tôi buồn nôn.
또이 부온 논

Tôi say máy bay. Có túi không?
또이 사이 마이 바이 꼬 뚜이 콩

Có túi ở phía trước.
꼬 뚜이 어 피어 쯔억

Chapter 3 공항

Tip. 도착지 공항에서

입국 심사할 때

세관 검사할 때

환전하기

마중 나온 사람이 있을 때

교통 이용하기

Tip. 도착지 공항에서

1 도착지 입국 순서

입국 시 필요한 서류는 없어졌으며 베트남 공항 입국은 비교적 간단합니다. 입국심사 시 여권을 검사하고 입국심사가 끝나면 짐 찾는 곳으로 가서 수하물을 찾아서 입국하면 됩니다.

2 공항에서 시내까지 이동하는 방법

공항 앞에는 택시가 대기 중이며, 이는 미터기에 표시된 금액만큼 지불하면 되고 또한 각 택시회사의 직원이 손님을 유치하기 위해 팻말을 들고 돌아다니기도 합니다. 이를 이용할 시 공항에서 시내까지는 약 40분 정도 걸리며 $15입니다.

3 베트남 여행자 통관 정보

휴대품	통관 기준	비 고
술	• 22도 이상: 1.5리터 • 22도 이하: 2.0리터 • 맥주 등 알코올 음료: 3.0리터 ※ 단, 여행자가 병, 주전자, 캔 등 봉인된 용기에 반입하고 그 용량이 면세량을 초과하는 경우, 초과량이 1리터 이하인 경우 면세 통관 허용	*18세 이하 면세 통관 불허
담배	• 궐연(cigarette) 400개비 • 엽궐련(cigar) 100개비 • 기타 담배(Shredded Tobacco) 500g	*18세 이하 면세 통관 불허

차, 커피	• 차: 5kg • 커피: 3kg	*18세 이하 면세 통관 불허
의류 및 개인 휴대품	여행 목적에 맞는 합리적 수준에 한함	
면세 한도 금액 (일반면세기준)	상기 품목 이외의 품목들은 총가액이 5백만 동 (약 미화 310불 내외) 이내에서 면세 통관됨	
의약품	베트남에서 유통이 허가된 품목에 한해서 반입 가능	
식 품	병균이 없는 식품류만 가능	
반입 불허 품목	• 무기, 화약, 폭발물(산업용 폭약 제외) 및 군사용 기술장비 • 독극물 및 유해 화학물 • 저속한 문화 관련 제품, 교육상 유해한 아동 장난감, 사회 질서 및 안전에 부정적 영향을 미치는 물건	
기타 유의사항	• 상기 면세 허용 기준을 초과하는 품목은 상품의 수입으로 간주되어 수입 절차를 거쳐야 함 • 여행자가 다수의 품목을 반입하는 경우, 총액기준으로 면세 기준(5백만 동, 약 미화 310불 수준)을 초과한 경우, 여행자는 과세 해당 품목을 직접 정할 수 있음 ※ 즉, 여행자는 면세 기준 가액 초과액에 대한 과세 해당 품목을 정할 때, 본인에게 유리한 낮은 세율의 품목을 과세 대상으로 정할 수 있음	

공항 - 입국 심사할 때

여권을 보여주세요.

여기 있습니다.

무슨 목적으로 오셨습니까?

여행 왔습니다.

며칠이나 머무르실 겁니까?

약 일주일입니다.

짐 찾는 곳은 어디입니까?

저쪽에 있습니다.

Cho tôi xem hộ chiếu.
쪼 또이 쌤 호 찌에우

Có đây.
꼬 더이

Bạn sang Việt Nam để làm gì?
반 상 비엣 남 데 람 지

Tôi sang Việt Nam du lịch.
또이 상 비엣 남 주 릭

Bạn ở lại Việt Nam trong bao lâu?
반 어 라이 비엣 남 쫑 바오 러우

Khoảng một tuần.
코앙 못 뚜언

Nơi lấy hành lý ở đâu?
너이 러이 하인 리 어 더우

Ở đằng kia.
어 당 끼어

공항 — 세관 검사할 때

어디에서 오셨습니까?

한국에서 왔습니다.

이게 짐의 전부입니까?

짐을 열어주십시오.

이것은 무엇입니까?

한국 담배인데, 베트남 친구에게 줄 선물입니다.

신고해야 할 물건이 있습니까?

없습니다.

Bạn từ đâu đến?
반 뜨 더우 덴

Tôi từ Hàn Quốc đến.
또이 뜨 한 꾸옥 덴

Đây là hành lý của bạn?
더이 라 하인 리 꾸어 반

Hãy mở hành lý cho tôi xem.
하이 머 하인 리 쪼 또이 쌤

Đây là cái gì?
더이 라 까이 지

Đây là thuốc lá Hàn Quốc, quà cho các bạn Việt Nam.
더이 라 투옥 라 한 꾸옥 꾸아 쪼 깍 반 비엣 남

Bạn có hàng hoá phải kê khai không?
반 꼬 항 호아 파이 께 카이 콩

Không có.
콩 꼬

공항 환전하기

환전하려고 합니다.

얼마나 바꾸시려고요?

100달러입니다.

이 표를 작성해 주세요.

이렇게 쓰면 됩니까?

예. 1,950,000동입니다.

Tôi cần đổi tiền.
또이 껀 도이 띠엔

Bạn cần đổi bao nhiêu tiền?
반 껀 도이 바오 니에우 띠엔

Một trăm đô-la.
못 짬 도-라

Hãy viết vào tờ này.
하이 비엣 바오 떠 나이

Tôi viết như thế này có được không?
또이 비엣 니으 테 나이 꼬 드억 콩

Vâng, Một triệu chín trăm năm mươi nghìn đồng.
벙 못 찌에우 찐 짬 남 므어이 응인 동

공항 — 마중 나온 사람이 있을 때

안녕하세요? 제 이름은 정보라입니다.

당신을 만나뵙게 되서 반갑습니다.

이쪽으로 가시지요. 차가 저기에 있습니다.

마중 나와 주셔서 감사합니다.

베트남에 오신 적이 있습니까?

없습니다. 이번이 첫 번째입니다.

제 생각에 당신은 베트남을 좋아하게 될 겁니다.

나도 그렇게 생각합니다.

Xin chào. Tôi tên là BORA JEONG.
씬 짜오 또이 뗀 라 보라 정

Tôi rất vui được gặp bạn.
또이 젓 부이 드억 갑 반

Hãy đi đường này. Xe ở đằng kia.
하이 디 드엉 나이 쌔 어 당 끼어

Cảm ơn bạn vì đã đến đón tôi.
깜 언 반 비 다 덴 돈 또이

Bạn đến Việt Nam bao giờ chưa?
반 덴 비엣 남 바오 져 쯔어

Chưa. Lần này là lần đầu tiên đến Việt Nam.
쯔어 런 나이 라 런 더우 띠엔 덴 비엣 남

Theo tôi thì bạn sẽ thích Việt Nam.
태오 또이 티 반 새 틱 비엣 남

Tôi cũng nghĩ thế.
또이 꿍 응이 테

공항 교통 이용하기

하노이 호텔에 가려고 합니다.

여기서 멉니까?

안 멀어요. 약 20분 정도면 도착할 겁니다.

차비가 얼마입니까?

여기서 하롱베이까지 가는 버스 있습니까?

이 버스 대우호텔에 갑니까?

대우호텔에 도착하면 좀 알려주세요.

알겠습니다.

Tôi định đến khách sạn Hà Nôi.
또이   딘   덴   카익   산   하   노이

Có xa đây không?
꼬   싸   더이   콩

Không xa. Khoảng hai mươi phút nữa mới tới.
콩   싸   코앙   하이   므어이   풋   느어   머이   떠이

Tiền xe là bao nhiêu?
띠엔   쌔   라   바오   니에우

Có xe buýt từ đây đến vịnh Hạ Long không?
꼬   쌔   부잇   뜨   더이   덴   빈   하   롱   콩

Xe buýt này đi khách sạn Dae Woo không?
쌔   부잇   나이   디   카익   산   대   우   콩

Đến khách sạn Dae Woo thì bảo cho tôi.
덴   카익   산   대   우   티   바오   쪼   또이

Dạ, vâng.
자   벙

Chapter 4 호텔

Tip. 다양한 숙박시설

체크인 (예약을 한 경우)

체크인 (예약을 안 한 경우)

룸서비스 요청하기

물건 보관함 이용하기

세탁을 부탁할 때

호텔에서 아침 식사하기

호텔 체크아웃할 때

Tip. 다양한 숙박시설

호텔은 특급 및 일급 호텔의 경우 각 방마다 SAFETY BOX(금고)가 있어 현금 및 귀중품을 이곳에 보관하면 안전합니다. 2급 이하 호텔의 경우 현금 및 귀중품은 RECEPTION에 보관하는 것이 안전하고, 현금이나 귀중품은 호텔방에 놔두면 분실하는 경우가 많으므로 주의해야 합니다.

특급호텔

베트남에도 세계 체인 호텔이 많습니다. 가격은 약 150~250달러 정도이며 조식 제공, 인터넷, 피트니스 센터, 비즈니스 센터 등이 마련되어 있어 불편함 없이 이용할 수 있습니다.

2, 3성급 호텔

우리나라의 모텔 급에 해당하며 가격은 약 60~100달러 정도입니다. 각 방마다 에어컨, 샤워실이 설치되어 있고 창문이 있으나 크기가 작습니다.

하노이 힐튼 호텔

하노이 메트로폴 호텔

게스트 하우스

호찌민 시 데탐거리, 하노이 호안끼엠 호수 주변에는 여행객들이 많아 게스트하우스를 어렵지 않게 찾을 수 있습니다. 가격은 20~50달러로 주인이 외국 여행객들을 위해 여행지를 소개해 주는 등 도움을 받을 수 있습니다.

게스트 하우스

호텔 체크인 (예약을 한 경우)

어서 오십시오. 무엇을 도와드릴까요?

객실 예약을 했습니다.

존함이 어떻게 되십니까?

이영수, Lee Young-Su입니다.

잠시만 기다리세요. 예약이 잘 되어 있습니다.

이렇게 쓰면 됩니까?

요금은 어떻게 지불하시겠습니까?

카드로 지불할게요.

Xin mời vào. Bạn cần gì?
씬 머이 바오 반 껀 지

Tôi đã đặt phòng khách sạn trước rồi.
또이 다 닷 퐁 카익 산 쯔억 조이

Bạn tên là gì?
반 뗀 라 지

Lee, Young-Su. Chữ tiếng Anh là LEE YOUNG SU.
이 영 수 쯔 띠엥 아인 라 엘르 에 에 이자이 오 우 엔느 거 엣시 우

Chờ một chút. Đặt phòng tốt rồi.
쩌 못 쭛 닷 퐁 똣 조이

Viết như thế này được không?
비엣 니으 테 나이 드억 콩

Bạn thanh toán bằng gì?
반 타인 또안 방 지

Tôi trả tiền bằng thẻ.
또이 짜 띠엔 방 태

호텔 체크인 (예약을 안 한 경우)

실례지만, 빈 방 있습니까?

싱글룸을 원하십니까? 트윈룸을 원하십니까?

싱글룸 주세요. 하루에 얼마입니까?

며칠 묵으실 건가요?

이틀 묵고, 모레 아침에 체크아웃 하겠어요.

현금으로 하겠습니다.

이 카드를 기록해 주세요.

손님의 방은 9층 906호입니다.

Xin lỗi, có phòng trống không?
씬 로이 꼬 퐁 쫑 콩

Bạn muốn phòng đơn hay phòng đôi?
반 무온 퐁 던 하이 퐁 도이

Cho tôi phòng đơn. Một ngày bao nhiêu tiền?
쪼 또이 퐁 던 못 응아이 바오 니에우 띠엔

Bạn ở lại mấy ngày?
반 어 라이 머이 응아이

Ở lại hai ngày, sáng ngày kia tôi mới trả phòng.
어 라이 하이 응아이 상 응아이 끼어 또이 머이 짜 퐁

Tôi sẽ trả tiền mặt.
또이 새 짜 띠엔 맛

Hãy ghi cho tôi thẻ này.
하이 기 쪼 또이 태 나이

Phòng bạn là phòng số 906 ở tầng 9.
퐁 반 라 퐁 소 찐쨤린사우 어 떵 찐

| 호텔 | 룸서비스 요청하기

여보세요? 룸서비스입니까?

여기는 915호실인데요.

에어컨에 문제가 있는 것 같아요.

에어컨이 작동이 되지 않는 것 같아요.

방이 너무 더워요.

잠시 기다리세요.

빨리 좀 부탁해요.

감사합니다.

Alo? Dịch vụ lễ tân phải không ạ?
알로 직 부 레 떤 파이 콩 아

Đây là phòng số chín trăm mười lăm.
더이 라 퐁 소 찐 짬 므어이 람

Có vấn đề trên máy điều hòa.
꼬 번 데 쩬 마이 디에우 호아

Máy điều hoà không chạy.
마이 디에우 호아 콩 짜이

Phòng nóng quá.
퐁 농 꾸아

Chờ một chút.
쩌 못 쭛

Làm ơn sửa nhanh giúp.
람 언 스어 냐인 줍

Xin cảm ơn.
씬 깜 언

| 호텔 | 물건 보관함 이용하기

실례지만, 물건 보관함을 이용하고 싶은데요.

성함, 객실 번호, 여권 번호를 여기에 써 주시고 사인해 주십시오.

열쇠 여기 있습니다.

언제든지 이용이 가능하죠?

예, 언제든지 이용할 수 있습니다.

고맙습니다.

Xin lỗi, tôi muốn dùng hòm bảo quản hàng.
씬 로이 또이 무온 중 홈 바오 꾸안 항

Hãy ghi tên, số phòng và số hộ chiếu
하이 기 뗀 소 퐁 바 소 호 찌에우

của bạn rồi, ký cho tôi.
꾸어 반 조이 끼 쪼 또이

Chìa khoá đây.
찌어 코아 더이

Lúc nào tôi cũng dùng được không?
룩 나오 또이 꿍 중 드억 콩

Vâng, Lúc nào cũng dùng được.
벙 룩 나오 꿍 중 드억

Xin cảm ơn.
씬 깜 언

호텔 — 세탁을 부탁할 때

여기 세탁 서비스 됩니까?

예, 어떤 것을 세탁하시게요?

와이셔츠 한 장 세탁 원합니다.

드라이클리닝이 필요합니까?

옷을 방 안의 세탁 봉투에 넣으시고, 입구에 걸어두세요.

언제 됩니까?

내일 아침 9시에요.

좋습니다.

Ở đây có dịch vụ giặt quần áo không?
어 더이 꼬 직 부 쟛 꾸언 아오 콩

Vâng, Bạn muốn giặt cái nào?
벙 반 무온 쟛 까이 나오

Tôi muốn giặt một cái áo sơ mi.
또이 무온 쟛 못 까이 아오 서 미

Có cần giặt khô là hơi không?
꼬 껀 쟛 코 라 허이 콩

Bạn cởi áo vào bao giặt trong phòng, sau đó treo trên cửa phòng.
반 꺼이 아오 바오 바오 쟛 쫑 퐁 사우 도 째오 쩬 끄어 퐁

Khi nào tôi lấy được?
키 나오 또이 러이 드억

Chín giờ sáng mai, Bạn lấy được.
찐 져 상 마이 반 러이 드억

Tốt quá.
똣 꾸아

| 호텔 | 호텔에서 아침 식사하기

죄송합니다만, 조식은 어디에서 먹습니까?

몇 시부터 먹을 수 있습니까?

여기에서 아침 먹을 수 있습니까?

예, 식권을 주시겠습니까?

아침 식사에는 무엇이 있습니까?

양식에는 무엇이 있습니까?

샌드위치, 프라이와 햄, 그리고 커피입니다.

쇠고기 쌀국수가 있습니다.

Xin lỗi, ăn sáng ở đâu?
씬 로이 안 상 어 더우

Từ mấy giờ ăn được?
뜨 머이 져 안 드억

Tôi có thể ăn sáng ở đây được không?
또이 꼬 테 안 상 어 더이 드억 콩

Vâng, tôi lấy phiếu ăn được không?
벙 또이 러이 피에우 안 드억 콩

Trong bữa ăn sáng có món gì?
쫑 브어 안 상 꼬 몬 지

Trong bữa ăn đồ tây có món gì?
쫑 브어 안 도 떠이 꼬 몬 지

Có Sandwich, trứng ốp la, giăm bong và cà phê.
꼬 쌍윗 쯩 옵라 잠 봉 바 까 페

Có phở bò.
꼬 퍼 보

호텔 — 호텔 체크아웃할 때

체크아웃 하려고 합니다. 이것은 제 룸키입니다.

계산서입니다.

말씀 좀 여쭐게요. 이것은 무슨 비용이지요?

미니바(냉장고)의 음료를 이용하신 겁니다.

서울로 거신 전화 비용입니다.

이것은 영수증입니다.

사인해 주세요.

Tôi định trả phòng. Đây là chìa khoá của tôi.
또이 딘 짜 퐁 더이 라 찌어 코아 꾸어 또이

Giấy tính tiền của bạn đây.
저이 띤 띠엔 꾸어 반 더이

Cho tôi hỏi một chút. Đây là chi phí gì?
쪼 또이 호이 못 쭛 더이 라 찌 피 지

Đây là phí đã sử dùng đồ uống trong tủ lạnh.
더이 라 피 다 스 중 도 우옹 쫑 뚜 라인

Đây là cước phí điện thoại đã gọi đến Seoul.
더이 라 끄억 피 디엔 토아이 다 고이 덴 서울

Đây là hoá đơn.
더이 라 호아 던

Hãy ký tên.
하이 끼 뗀

Chapter 5 식당

Tip. 식당 이용하기

고급식당에서 식사할 때

초대에 응하여 식사할 때

간단하게 식사할 때

커피숍에서

술집에서

Tip. 식당 이용하기

1 베트남인의 식생활

베트남은 우리나라와 마찬가지로 쌀이 주식이며, 세계 쌀 생산 2위입니다. 오전 7시에는 길거리에 파는 쌀국수 '퍼'를 주로 사먹고 오후 12시에는 점심을 집에서 먹거나 주로 밖에서 정찬을 먹습니다. 더운 나라라서 그런지 흰 쌀밥과 약간 새콤한 국에 몇 가지 채소 반찬, 그리고 생선을 즐겨 먹습니다. 저녁 7시에는 저녁을 역시 정찬처럼 먹습니다. 베트남은 생채요리가 많아서 채소 쌈, 고기쌈 등 채소를 이용한 요리가 많아서 다이어트에 좋습니다. 반찬으로는 주로 무 절임, 계란, 시금치 무침 등이고 해산물이 많이 나지만, 날것으로는 잘 먹지 않고 항상 익혀 먹습니다. 그리고 돼지고기, 쇠고기, 양고기 등이 인기가 좋습니다.

2 베트남 음식

- 퍼 Phở 쌀국수

  베트남의 가장 대표적인 음식입니다. 주로 북부지방에서 많이 먹는 음식이었지만 현재는 어디서나 쉽게 접할 수 있고 먹을 수 있으며, 라임, 숙주, 고추, 향채 등을 곁들여서 먹습니다. 중부지방에서는 분보 후에 Bún bò Huế, 남부 메콩델타 지역에서는 후 띠에우 Hủ tiếu라는 국수가 유명합니다.

- 고이 꾸온 Gỏi cuốn 월남쌈

  우리가 흔히 말하는 월남쌈입니다. 얇은 라이스 페이퍼에 채소, 고기, 향채, 부추 등을 넣어 김밥처럼 말아서 양념소스에 찍어 먹는 음식입니다.

- 짜 조 Chả giò(남부) / 냄 잔 Ném rán(북부)
  스프링롤
  고이 꾸온과 비슷하지만 기름에 튀겨져 있습니다. 새우, 고기, 채소 등을 튀겨서 간장이나 소스에 찍어서 먹는 요리입니다.

- 까페 Cà phê 커피
  커피를 직접 생산하는 베트남은 그 맛이 진하고 구수합니다. 필터에 직접 내려 마시는 아이스커피를 즐겨 마시고, 거기에 연유나 우유를 타서 마시기도 합니다.

- 비어 Bia 맥주
  점심식사 때도 맥주를 즐겨먹는 베트남 사람들. 베트남 333 바바바 맥주, 사이공 맥주, 하노이 맥주 등이 있습니다. 비어 허이 Bia hơi라는 생맥주에 얼음을 넣고 마시는 맥주를 길거리에서 자주 볼 수 있습니다.

- 호아 꽈 Hoa quả 과일
  열대지방의 과일들을 싸게 사서 먹을 수 있습니다. 망고, 두리안, 망고스틴 등 껍질을 벗기면 나오는 달콤한 과일즙이 갈증을 해소해 줍니다. 특히 컵에 각종 과일을 넣고 연유와 얼음을 함께 먹는 호아 꽈 텁껌 Hoa quả thập cẩm(과일빙수)이 인기가 많습니다.

식당 — 고급식당에서 식사할 때

저를 따라오세요.

여기 메뉴 있습니다. 무엇을 주문하시겠습니까?

저는 베트남 요리에 대해 잘 모릅니다.

이 식당의 주 요리는 무엇이지요?

너무 신 것은 좋아하지 않아요.

생선 좋아하세요?

그러면 이 요리를 드셔보세요.

정말 맛있습니다.

Mời theo tôi.
머이 태오 또이

Có thực đơn ở đây. Bạn gọi món gì?
꼬 특 던 어 더이 반 고이 몬 지

Tôi chưa biết món ăn Việt Nam nhiều.
또이 쯔어 비엣 몬 안 비엣 남 니에우

Món ăn nổi tiếng của nhà hàng là gì?
몬 안 노이 띠엥 꾸어 냐 항 라 지

Tôi không thích món chua.
또이 콩 틱 몬 쭈어

Bạn thích ăn cá không?
반 틱 안 까 콩

Thế thì bạn ăn thử món ăn này xem.
테 티 반 안 트 몬 안 나이 쌤

Ngon quá.
응온 꾸아

식당 초대에 응하여 식사할 때

오늘 이렇게 뜨겁게 대접해 주셔서 정말 감사합니다.

천만에요.

술 드십시다.

좋습니다.

건강을 위하여, 건배!

이 다음에 한국에 다시 오면,

저에게 전화하는 것을 잊지 마세요.

좋습니다. 감사합니다.

Hôm nay tôi rất cảm ơn vì đã được mời nhiệt tình.
흠 나이 또이 젓 깜 언 비 다 드억 머이 니엣 띤

Không có gì.
콩 꼬 지

Xin mời dùng rượu.
씬 머이 중 즈어우

Tốt lắm.
똣 람

Chúc sức khoẻ cạn ly!
쭉 슥 코애 깐 리

Nếu lần sau quay lại Hàn Quốc,
네우 런 사우 꾸아이 라이 한 꾸옥

Nhớ gọi điện cho tôi.
녀 고이 디엔 쪼 또이

Tốt quá. Xin cảm ơn.
똣 꾸아 씬 깜 언

식당 간단하게 식사할 때

베트남 요리를 먹으려고 하는데,

이 근처의 식당 좀 소개해 주실래요?

호텔 정문을 나가시면, 식당이 여러 군데 있습니다.

어서 오세요. 앉으세요.

무엇을 드시겠습니까?

해물볶음밥과 닭고기 쌀국수를 주세요.

물 한 잔 주세요.

계산 좀 해주세요.

Tôi định ăn món ăn Việt Nam,
또이 딘 안 몬 안 비엣 남

Bạn có thể giới thiệu nhà hàng ở gần đây không?
반 꼬 테 져이 티에우 냐 항 어 건 더이 콩

Đi ra cổng khách sạn, có nhiều nhà hàng.
디 자 꽁 카익 산 꼬 니에우 냐 항

Xin mời vào. Mời ngồi.
씬 머이 바오 머이 응오이

Quý khách dùng món đồ ăn gì?
꾸이 카익 중 몬 도 안 지

Cho tôi cơm rang hải sản và phở gà.
쪼 또이 껌 장 하이 산 바 퍼 가

Cho tôi một cốc nước.
쪼 또이 못 꼭 느억

Tôi tính tiền.
또이 띤 띠엔

식당 — 커피숍에서

이리로 앉으세요.

창가 쪽 좌석에 앉고 싶은데요.

여기 괜찮으세요?

좋습니다. 고맙습니다.

다른 분 더 오십니까?

아니요. 혼자입니다.

그러면 무슨 음료를 드시겠습니까?

아이스커피 한 잔 주세요.

Mời ngồi chỗ này.
머이 응오이 쪼 나이

Tôi muốn ngồi chỗ phía cửa sổ.
또이 무온 응오이 쪼 피어 끄어 소

Chỗ này có được không?
쪼 나이 꼬 드억 콩

Tốt quá. Xin cảm ơn.
똣 꾸아 씬 깜 언

Có người nào đến nữa không?
꼬 응어이 나오 덴 느어 콩

Không có. Một mình thôi.
콩 꼬 못 민 토이

Thế, bạn uống gì?
테 반 우옹 지

Cho tôi một cốc cà phê đá.
쪼 또이 못 꼭 까 페 다

식당 술집에서

어서 오세요. 몇 분이시지요?

둘입니다.

메뉴 여기 있습니다. 무엇을 주문하시겠습니까?

닭 구이와 감자튀김 주세요.

술은 무엇으로 하시겠습니까?

어떤 술이 있습니까?

맥주와 베트남인이 즐겨 마시는 민속주가 있습니다.

맥주 두 병과 얼음물 주세요.

Xin mời vào. Bạn có mấy người?
씬 머이 바오 반 꼬 머이 응어이

Có hai người.
꼬 하이 응어이

Có thực đơn ở đây. Bạn gọi món gì?
꼬 특 던 어 더이 반 고이 몬 지

Cho tôi thịt gà nướng và khoay tây chiên.
쪼 또이 팃 가 느엉 바 코아이 떠이 찌엔

Bạn dùng rượu gì?
반 중 즈어우 지

Có loại rượu nào?
꼬 로아이 즈어우 나오

Có bia và rượu dân tộc người Việt Nam hay uống.
꼬 비어 바 즈어우 전 똑 응어이 비엣 남 하이 우옹

Cho tôi hai chai bia và nước đá.
쪼 또이 하이 짜이 비어 바 느억 다

Chapter 6 교통

Tip. 교통수단

오토바이 타기

버스 타기

장거리 버스 타기

택시 타기

기차 타기 (1), (2)

비행기 좌석 예약하기

탑승 수속할 때

배 타기 (1), (2)

Tip. 교통수단

베트남은 오토바이가 세계에서 가장 많은 나라입니다. 버스, 트럭, 자동차, 오토바이, 자전거가 모두 한 도로에 다녀서 좁고 복잡하기 때문에 많은 주의가 필요합니다. 또한 인력거 모양으로 생긴 '씨클로'는 관광용으로만 이용되며 씨클로 운전수들은 열악한 생활 환경과 저수입으로 인해 외국인 관광객을 상대로 바가지 요금을 강요하기도 하므로 흥정을 잘 해야 합니다. 복잡한 도로에서 사고 시 목격자의 유리한 증언을 얻기 힘드므로 외국인은 자가운전을 하지 않는 편이 낫습니다.

1 오토바이

각 가정마다 오토바이가 없는 집이 없으며 주 교통수단은 오토바이입니다. 한 오토바이에 한 가족 즉, 4명이 타고 다니며 드라이브를 즐기는 모습도 심심치 않게 볼 수 있습니다. 다만 사고가 많이 나서 반드시 헬멧을 착용하는 법안을 최근에 통과시켰습니다.

2 자전거

학생들이 주로 타고 다니며 오토바이와 자동차와 섞여서 도로를 다니므로 위험합니다.

3 자동차

최근 경제 성장으로 자동차가 많이 생겼는데, 사실상 중앙 분리선이 없는 비좁은 도로이기 때문에 교통 체증이 아주 심해졌습니다.

4 버스

버스 배차 간격은 주로 10~20분 간격이므로 외국인들은 버스보다 택시를 이용하는 편이 낫습니다.

5 택시

콜택시 제도로 미리 부르지 않으면 도로에 서서 택시 잡기가 힘들 수도 있습니다. 기본요금은 우리나라 돈으로 약 800원이며, 베트남 물가 수준상 택시비가 비싸기 때문에 현지인들은 잘 타지 않습니다.

교통 — 오토바이 타기

스쿠터를 빌리고 싶어요.

한 달에 얼마예요?

한 달에 300달러입니다.

우선 여권을 맡겨야 합니다.

여권 복사본을 드려도 됩니까?

안됩니다.

여기 제 여권과 현금입니다.

스쿠터를 조심히 운전하세요.

Tôi muốn thuê xe ga.
또이 무온 투에 쌔 가

Một tháng bao nhiêu tiền?
못 탕 바오 니에우 띠엔

Một tháng ba trăm đô la.
못 탕 바 짬 도 라

Trước hết, Bạn phải gửi hộ chiếu.
쯔억 헷 반 파이 그이 호 찌에우

Tôi gửi bản sao hộ chiếu của tôi được không?
또이 그이 반 사오 호 찌에우 꾸어 또이 드억 콩

Không được.
콩 드억

Hộ chiếu của tôi và tiền mặt đây.
호 찌에우 꾸어 또이 바 띠엔 맛 더이

Hãy chạy xe cẩn thận.
하이 짜이 쌔 껀 턴

교통 버스 타기

실례지만 버스 정류장이 어디입니까?

호안끼엠 호수에 가려면 몇 번 버스를 타야 합니까?

52번 버스를 타세요.

이 버스 호안끼엠 호수에 갑니까?

여기서 호안끼엠 호수까지 얼마죠?

3,500동입니다.

호안끼엠 호수에 도착하면 알려주세요.

호안끼엠 호수에 도착했습니다. 내리세요.

Xin lỗi, trạm xe buýt ở đâu?
씬 로이 짬 쌔 부잇 어 더우

Đi hồ Hoàn Kiếm, lên xe buýt số mấy?
디 호 호안 끼엠 렌 쌔 부잇 소 머이

Hãy lên xe buýt số năm mươi hai.
하이 렌 쌔 부잇 소 남 므어이 하이

Xe buýt này đi hồ Hoàn Kiếm không?
쌔 부잇 나이 디 호 호안 끼엠 콩

Từ đây đến hồ Hoàn Kiếm bao nhiêu tiền?
뜨 더이 덴 호 호안 끼엠 바오 니에우 띠엔

Ba nghìn năm trăm đồng.
바 응인 남 짬 동

Lúc nào đến hồ Hoàn Kiếm thì hãy nói với tôi.
룩 나오 덴 호 호안 끼엠 티 하이 노이 버이 또이

Đã đến hồ Hoàn Kiếm. Mời bạn xuống.
다 덴 호 호안 끼엠 머이 반 쑤옹

| 교통 | 장거리 버스 타기

실례지만 하롱베이 가는 버스 정류장이 어디입니까?

북부 정류장에서 탑니다.

하롱베이 가는 표 한 장 주세요.

언제 갑니까?

오늘 표 있습니까?

오후 3시에 있습니다. 70,000동입니다.

몇 시간 걸립니까?

약 2시간 걸립니다.

Xin lỗi, trạm xe buýt đi vịnh Hạ Long ở đâu?
씬 로이 짬 쌔 부잇 디 빈 하 롱 어 더우

Lên xe ở trạm phía bắc.
렌 쌔 어 짬 피어 박

Cho tôi một vé đi Vịnh Hạ Long.
쪼 또이 못 배 디 빈 하 롱

Khi nào đi?
키 나오 디

Có vé của hôm nay không?
꼬 배 꾸어 홈 나이 콩

Có vé xuất phát lúc ba giờ chiều. Bảy mươi nghìn đồng.
꼬 배 쑤엇 팟 룩 바 져 찌에우 바이 므어이 응인 동

Mất mấy tiếng?
멋 머이 띠엥

Mất khoảng hai tiếng.
멋 코앙 하이 띠엥

교통 택시 타기

어디로 가십니까?

호찌민묘로 가 주세요.
죄송하지만, 빨리 가 주시겠어요?

알겠습니다. 그러나 차가 많이 막히는군요.

실례지만, 차 빌리는 데 하루 얼마입니까?

대략 200달러입니다.

그래요? 비싸네요.

호찌민묘에 다 왔습니다.

얼마입니까?

Đi đâu?
디 더우

Cho tôi đi lăng bác Hồ. Xin lỗi, đi nhanh được không?
쪼 또이 디 랑 박 호 씬 로이 디 냐인 드억 콩

Được. Nhưng đường đang rất tắc.
드억 니응 드엉 당 젓 딱

Xin lỗi, thuê một xe bao nhiêu tiền một ngày?
씬 로이 투에 못 쌔 바오 니에우 띠엔 못 응아이

Khoảng hai trăm đô la.
코앙 하이 짬 도 라

Thế à? Đắt quá.
테 아 닷 꾸아

Đã đến lăng bác Hồ.
다 덴 랑 박 호

Bao nhiêu tiền?
바오 니에우 띠엔

교통 기차 타기(1)

실례지만, 기차표 파는 곳은 어디입니까?

사파까지 가는 기차표 한 장 주세요.

언제 가시려고요?

침대표입니까? 보통표입니까?

에어컨 있는 침대표입니다.

위층입니까? 아래층입니까?

위층으로 주세요.

즐거운 여행 되세요.

Xin lỗi, quầy bán vé tàu hoả ở đâu?
씬 로이 꾸어이 반 배 따우 호아 어 더우

Cho tôi một vé tàu hoả đến Sa Pa.
쪼 또이 못 배 따우 호아 덴 사 빠

Bao giờ đi?
바오 져 디

Vé có giường nằm hay vé bình thường?
배 꼬 즈엉 남 하이 배 빈 트엉

Vé có giường với cả điều hoà.
배 꼬 즈엉 버이 까 디에우 호아

Vé giường ở tầng trên hay tầng dưới?
배 즈엉 어 떵 쩬 하이 떵 즈어이

Cho tôi vé ở tầng trên.
쪼 또이 배 어 떵 쩬

Chúc bạn một chuyến đi vui vẻ.
쭉 반 못 쭈이엔 디 부이 배

| 교통 | 기차 타기(2)

실례지만, 기차역까지 어떻게 갑니까?

~까지 가는 차표, 어디에서 삽니까?

~ 가는 좌석표 주세요.

언제 ~에 도착합니까?

좀 더 이른 (늦은) 열차 있습니까?

표를 반환할 수 있나요?

열차 출발 시간표 한 장 주세요.

몇 번 플랫폼에서 기차가 출발하나요?

Xin lỗi, đến ga tàu hoả như thế nào?
씬 로이 덴 가 따우 호아 니으 테 나오

Vé đến ~, mua ở đâu?
배 덴 무어 어 더우

Cho tôi vé ngồi đến ~.
쪼 또이 배 응오이 덴

Khi nào tới ~ ?
키 나오 떠이

Có tàu hỏa đi sớm (muộn) hơn không?
꼬 따우 호아 디 섬 (무온) 헌 콩

Tôi có thể trả lại vé được không?
또이 꼬 테 짜 라이 배 드억 콩

Cho tôi một tờ lịch trình thời gian xuất phát tàu hoả.
쪼 또이 못 떠 릭 찐 터이 쟌 쑤엇 팟 따우 호아

Tàu hoả xuất phát ở sân ga, cửa số mấy?
따우 호아 쑤엇 팟 어 선 가 끄어 소 머이

교통 비행기 좌석 예약하기

호찌민 시까지 가는 표 한 장 주세요.

무슨 요일에 가십니까?

이번주 일요일에 좌석 있습니까?

죄송하지만, 만석입니다.

한 좌석 남았네요.

좋습니다. 토요일 날 표로 주세요.

이것이 손님 비행기표입니다.

Cho tôi một vé máy bay đi thành phố Hồ Chí Minh.
쪼 또이 못 배 마이 바이 디 타인 포 호 찌 민

Đi hôm thứ mấy?
디 홈 트 머이

Có vé của chủ nhật tuần này không?
꼬 배 꾸어 쭈 녓 뚜언 나이 콩

Xin lỗi, vé đã được bán hết.
씬 로이 배 다 드억 반 헷

Còn một vé.
꼰 못 배

Tốt quá. Cho tôi vé đi thứ bảy.
똣 꾸아 쪼 또이 배 디 트 바이

Đây là vé máy bay của bạn.
더이 라 배 마이 바이 꾸어 반

교통 탑승 수속할 때

베트남 항공 탑승 수속은 어디서 합니까?

앞쪽의 카운터로 가세요.

여기서 VN936편 탑승 수속합니까?

비행기표 주세요. 가방이 모두 몇 개입니까?

두 개이고, 모두 부칠 겁니다.

좌석은 어디를 원하세요?

창 쪽 좌석을 주세요.

탑승권과 짐 표 여기 있습니다.

Làm thủ tục lên máy bay của hãng hàng không Việt Nam ở đâu?
람 투 뚝 렌 마이 바이 꾸어 항 항 콩 비엣 남 어 더우

Hãy đến quầy phía trước.
하이 덴 꾸어이 피어 쯔억

Ở đây có làm thủ tục của chuyến bay chín ba sáu hãng hàng không Việt Nam không?
어 더이 꼬 람 투 뚝 꾸어 쭈이엔 바이 찐 바 사우 항 항 콩 비엣 남 콩

Cho tôi xem vé máy bay. Bạn có mấy túi hành lý?
쪼 또이 쌤 배 마이 바이 반 꼬 머이 뚜이 하인 리

Có hai túi hành lý. Tôi sẽ gửi tất cả.
꼬 하이 뚜이 하인 리 또이 새 그이 떳 까

Bạn muốn ngồi chỗ nào?
반 무온 응오이 쪼 나오

Cho tôi chỗ cạnh cửa sổ.
쪼 또이 쪼 까인 끄어 소

Đây là phiếu lên máy bay và phiếu đã gửi hành lý của bạn.
더이 라 피에우 렌 마이 바이 바 피에우 다 그이 하인 리 꾸어 반

교통 | 배 타기 (1)

실례지만 어디에서 배표를 삽니까?

오늘 냐짱에 가는 배표가 있습니까?

그럼 내일 표를 예매할게요.

이 값에는 식사도 포함되어 있나요?

냐짱까지는 몇 시간 걸립니까?

어디에서 승선합니까?

출발 한 시간 전에 승선할 수 있습니다.

몇 시에 출발합니까?

Xin lỗi mua vé tàu thủy ở đâu?
씬 로이 무어 배 따우 투이 어 더우

Hôm nay có vé tàu thủy đến Nha Trang không?
홈 나이 꼬 배 따우 투이 덴 냐 쨩 콩

Thế thì ngày mai tôi sẽ đặt vé tàu thuỷ.
테 티 응아이 마이 또이 새 닷 배 따우 투이

Giá này có bao gồm tiền ăn không?
쟈 나이 꼬 바오 곰 띠엔 안 콩

Đến Nha Trang mất mấy tiếng?
덴 냐 쨩 멋 머이 띠엥

Lên tàu ở đâu?
렌 따우 어 더우

Qúy khách có thể bắt đầu lên tàu trước một tiếng kể từ giờ xuất phát.
꾸이 카익 꼬 테 밧 더우 렌 따우 쯔억 못 띠엥 께 뜨 져 쑤엇 팟

Mấy giờ xuất phát?
머이 져 쑤엇 팟

교통 — 배 타기(2)

제 대신 배표 좀 예약해 주세요.

여기서 얼마나 머무릅니까?

저는 유람선을 타고 싶습니다.

휴게실로 가시면 전망대가 있습니다.

경치가 정말 좋군요.

멀미약 좀 주세요.

일등 선실 요금이 얼마입니까?

Làm ơn cho tôi đặt giúp vé tàu thủy.
람 언 쪼 또이 닷 줍 배 따우 투이

Bạn ở lại đây trong bao lâu?
반 어 라이 더이 쫑 바오 러우

Tôi muốn lên du thuyền.
또이 무온 렌 주 투이엔

Đi ra phòng nghỉ, có đài quan sát.
디 자 퐁 응이 꼬 다이 꾸안 삿

Phong cảnh thật đẹp.
퐁 까인 텃 댑

Cho tôi thuốc chống nôn/chống say.
쪼 또이 투옥 쫑 논 쫑 사이

Giá vé phòng tốt nhất là bao nhiêu tiền?
쟈 배 퐁 똣 녓 라 바오 니에우 띠엔

Chapter 7 관광

Tip. 관광 준비

관광지를 물을 때
혼자 여행할 때 (길 묻기)
소재지를 물을 때
길을 잃었을 때
베트남 내 단체 여행 합류할 때
베트남인과 함께 여행할 때 (1)
베트남인과 함께 여행할 때 (2)
기타 유용한 표현
박물관 구경하기
극장 관람하기
화장실 찾을 때
사진촬영을 부탁할 때

Tip. 관광 준비

1 국내 패키지

일반적으로 베트남을 관광할 때는 주로 한국에서 패키지로 가는 경우가 많습니다. 항공권, 호텔 예약, 관광 등 한국인 가이드가 동행하여 베트남의 대표적인 관광지를 편리하고 안전하게 구경할 수 있습니다.

2 현지 패키지

유럽 관광객이 많은 베트남은 하노이에서는 구시가지, 호찌민 시에서는 데탐거리에 가면 현지 여행사들이 장소 및 날짜별로 하루 코스, 1박 2일 코스 등 현지 패키지 관광 상품을 많이 판매하고 있습니다. 가고자 하는 곳을 예약하면 영어를 사용하는 베트남 현지 가이드가 동행하여 각국 사람들이 모여서 패키지 관광을 저렴하게 할 수 있는 장점이 있습니다.

하롱베이

역사박물관

3 자유 여행

사전에 준비가 필요한 자유여행은 지도를 지참하여 시간에 구애받지 않고 자유롭게 관광할 수 있는 장점이 있습니다. 가고 싶은 장소의 주소를 말하면 택시가 데려다 주기도 하며, 현지 교통정보 등을 알고 있으면 직접 찾아서 여행하는 재미도 쏠쏠합니다. 단, 혼자서 여행할 경우 신변의 안전이 중요하므로 항상 주의를 기울이고, 지갑에 너무 많은 현금을 가지고 다니면 표적이 될 수 있으므로 주의하는 것이 좋습니다.

하노이성당

호안끼엠 호수

관광 - 관광지를 물을 때

하노이에 어떤 관광지가 있나요?

문묘, 호찌민묘, 호안끼엠 호수, 소수민족 박물관 등이 있습니다.

어디에서 하노이 지도를 살 수 있나요?

저희 호텔에도 있습니다.

한국어 할 수 있는 가이드 한 명을 구하고 싶습니다.

예, 제가 지금 소개시켜 드리지요.

하루에 얼마죠?

하루에 20만 동입니다.

Ở Hà Nội có nơi du lịch nào?
어 하 노이 꼬 너이 주 릭 나오

Có văn miếu, lăng bác hồ, hồ hoàn kiếm và viện bảo tàng dân tộc thiểu số vân vân.
꼬 반 미에우, 랑 박 호, 호 호안 끼엠 바 비엔 바오 땅 전 똑 티에우 소 번 번

Tôi mua được bản đồ Hà Nội ở đâu?
또이 무어 드억 반 도 하 노이 어 더우

Khách sạn chúng tôi cũng có.
카익 산 쭝 또이 꿍 꼬

Tôi muốn tìm một người hướng dẫn du lịch nói được tiếng Hàn.
또이 무온 띰 못 응어이 흐엉 전 주 릭 노이 드억 띠엥 한

Vâng, bây giờ tôi sẽ giới thiệu cho bạn.
벙 버이 져 또이 새 져이 티에우 쪼 반

Một ngày bao nhiêu tiền?
못 응아이 바오 니에우 띠엔

Một ngày hai trăm nghìn đồng.
못 응아이 하이 짬 응인 동

관광 - 혼자 여행할 때 (길 묻기)

여기서 문묘까지 멉니까?

별로 멀지 않습니다.

어떻게 가지요?

걸어서 약 10분이면 됩니다.

찾기가 어려울 것 같아요.

현재 당신의 위치는 여기입니다.

알겠습니다. 그런 다음에는요?

이 길로 쭉 걸어가면 큰 광장이 보일 겁니다.

Từ đây đến văn miếu có xa không?
뜨 더이 덴 반 미에우 꼬 싸 콩

Không xa lắm.
콩 싸 람

Đi như thế nào?
디 니으 테 나오

Đi bộ khoảng mười phút là đến.
디 보 코앙 므어이 풋 라 덴

Có lẽ tìm nơi đó hơi khó.
꼬 래 띰 너이 도 허이 코

Vị trí của bạn hiện nay là ở đây.
비 찌 꾸어 반 히엔 나이 라 어 더이

Tôi hiểu rồi. Sau đó?
또이 히에우 조이 사우 도

Đi thẳng đường này, sẽ thấy một quảng trường lớn.
디 탕 드엉 나이 새 터이 못 꼬앙 쯔엉 런

관광 소재지를 물을 때

팍슨 백화점이 어디입니까?

타이 하 거리에 있습니다.

여기서 어떻게 가야 하지요?

먼저 2번 버스를 타고 타이 하 거리에서 내리세요.

차를 갈아타야 합니까?

아니요.

모두 몇 정거장을 가야 합니까?

여기서부터 여섯 정거장입니다.

Cửa hàng bách hoá PARKSON ở đâu?
끄어 항 바익 호아 팍슨 어 더우

Nằm trên đường Thái Hà.
남 쩬 드엉 타이 하

Từ đây đi như thế nào?
뜨 더이 디 니으 테 나오

Đi lên xe buýt số hai, sau đó xuống trên đường Thái Hà.
디 렌 쌔 부잇 소 하이 사우 도 쑤옹 쩬 드엉 타이 하

Tôi cần chuyển xe không?
또이 껀 쭈이엔 쌔 콩

Không.
콩

Tôi phải qua tất cả mấy trạm xe?
또이 파이 꾸아 떳 까 머이 짬 쌔

Bạn phải qua sáu trạm xe từ đây.
반 파이 꾸아 사우 짬 쌔 뜨 더이

관광 길을 잃었을 때

좀 물어볼게요.

여기가 낌마 거리입니까?

아니요, 여기는 응웬찌타인 거리입니다.

길을 잃었어요.

어디 가시려고 했는데요?

어떻게 가야 합니까?

여기서 17번 버스를 타시면 됩니다.

Cho tôi hỏi một chút.
쪼 또이 호이 못 쭛

Đây là đường Kim Mã, phải không?
더이 라 드엉 낌 마 파이 콩

Không, đây là đường Nguyễn Chí Thanh.
콩 더이 라 드엉 응웬 찌 타인

Tôi bị lạc đường.
또이 비 락 드엉

Bạn đã định đi đâu?
반 다 딘 디 더우

Đi như thế nào?
디 니으 테 나오

Ở đây bạn lên xe số mười bảy là được.
어 더이 반 렌 쌔 소 므어이 바이 라 드억

관광 — 베트남 내 단체 여행 합류할 때

단체 관광입니까, 아니면 개인 관광입니까?

단체 관광을 원합니다.

일정은 어떻습니까?

괜찮네요. 1인당 얼마죠?

1인당 45달러입니다.

참가하시겠어요?

네, 어떻게 하면 됩니까?

먼저 돈을 내시고, 이 서류를 작성하세요.

Chuyến đi du lịch theo nhóm hay riêng?
쭈이엔 디 주 릭 태오 놈 하이 지엥

Tôi muốn đi du lịch theo nhóm.
또이 무온 디 주 릭 태오 놈

Chương trình như thế nào?
쯔엉 찐 니으 테 나오

Cũng được. Một người bao nhiêu tiền?
꿍 드억 못 응어이 바오 니에우 띠엔

Một người bốn mươi lăm đô la.
못 응어이 본 므어이 람 도 라

Bạn có tham gia không?
반 꼬 탐 쟈 콩

Vâng, tôi làm như thế nào?
벙 또이 람 니으 테 나오

Trước hết nộp tiền, sau đó bạn điền vào giấy tờ này.
쯔억 헷 놉 띠엔 사우 도 반 디엔 바오 져이 떠 나이

관광 — 베트남인과 함께 여행할 때 (1)

오늘 무슨 계획 있으세요?

전 오늘 별로 특별한 계획이 없어요.

제가 당신을 모시고 몇몇 명승지를 보여드리고 싶은데요.

아주 좋습니다.

어딜 가고 싶으세요?

베트남에 대해서 하나도 몰라요.

당신이 데려가시는 대로 전 따라갈 거에요.

출발합시다.

Hôm nay có kế hoạch gì không?
홈 나이 꼬 께 확 지 콩

Hôm nay tôi không có kế hoạch gì đặc biệt.
홈 나이 또이 콩 꼬 께 확 지 닥 비엣

Tôi muốn dẫn bạn đến thăm một số di tích lịch sử.
또이 무온 전 반 덴 탐 못 소 지 띡 릭 스

Tốt quá.
똣 꽈

Bạn muốn đi đâu?
반 무온 디 더우

Tôi chẳng biết gì về Việt Nam.
또이 짱 비엣 지 배 비엣 남

Tôi đi theo hướng dẫn của bạn.
또이 디 태오 흐엉 전 꾸어 반

Đi nhé.
디 네

관광 — 베트남인과 함께 여행할 때 (2)

여기는 하노이에서 가장 큰 박물관입니다.

그래요? 굉장히 웅장하네요.

이 건물은 프랑스 식민지 시대의 건물이지요?

맞습니다. 베트남에 대해 많이 아시네요.

오늘 정말 인상 깊었습니다.

오늘 당신께 폐만 끼쳤습니다.

정말 감사드립니다. 건강 유의하세요!

천만에요.

Đây là viện bảo tàng lớn nhất ở Hà Nội.
더이 라 비엔 바오 땅 런 녓 어 하 노이

Thế à? Thật là rộng lớn.
테 아 텃 라 종 런

Toà nhà này là toà của thời đại thực dân Pháp, phải không?
또아 냐 나이 라 또아 꾸어 터이 다이 특 전 팝 파이 콩

Dạ phải. Bạn biết thật nhiều về Việt Nam.
자 파이 반 비엣 텃 니에우 베 비엣 남

Hôm nay thật là ấn tượng.
홈 나이 텃 라 언 뜨엉

Hôm nay tôi làm phiền bạn nhiều.
홈 나이 또이 람 피엔 반 니에우

Tôi rất cảm ơn bạn. Hãy giữ gìn sức khỏe nhé!
또이 젓 깜 언 반 하이 즈 진 슥 쾌 네

Không có gì đâu.
콩 꼬 지 더우

| 관광 | 기타 유용한 표현

좀 천천히 말씀해 주세요.

~에 가고 싶습니다.

제게 길 안내 좀 해 주세요.

이 길을 무슨 길이라고 부릅니까?

어떤 종류의 프로그램이 있습니까?

어디에서 살 수 있나요?

기념품 파는 곳이 있나요?

휴게실(화장실, 매점)이 어디입니까?

Xin nói chậm một chút.
씬 노이 쩜 못 쭛

Tôi muốn đi ~.
또이 무온 디

Làm ơn dẫn đường cho tôi.
람 언 전 드엉 쪼 또이

Đường này được gọi là đường gì?
드엉 나이 드억 고이 라 드엉 지

Có chương trình loại nào?
꼬 쯔엉 찐 로아이 나오

Mua được ở đâu?
무어 드억 어 더우

Có chỗ bán quà lưu niệm không?
꼬 쪼 반 꽈 르우 니엠 콩

Phòng nghỉ (Nhà vệ sinh, căn tin) ở đâu?
풍 응이 (냐 베 신 깐 띤) 어 더우

관광 — 박물관 구경하기

표 한 장 주세요.

영어 안내원이 있습니까?

매일 오전 10시와 오후 2시에 있어요.

저기에 설명서가 있으니 가져가세요.

여기에는 무슨 공연이 있습니까?

안에서 사진 찍어도 됩니까?

몇 시에 문을 닫습니까?

오후 6시입니다.

Cho tôi một vé.
쪼 또이 못 배

Có hướng dẫn viên nói được tiếng Anh không?
꼬 흐엉 전 비엔 노이 드억 띠엥 아인 콩

Có lúc mười giờ sáng và hai giờ chiều hàng ngày.
꼬 룩 므어이 져 상 바 하이 져 찌에우 항 응아이

Bạn hãy lấy sách giới thiệu ở đằng kia.
반 하이 러이 사익 져이 티에우 어 당 끼어

Ở đây có biểu diễn gì không?
어 더이 꼬 비에우 지엔 지 콩

Tôi có thể chụp ảnh bên trong được không?
또이 꼬 테 쭙 아인 벤 쫑 드억 콩

Mấy giờ đóng cửa?
머이 져 동 끄어

Sáu giờ chiều.
사우 져 찌에우

관광 극장 관람하기

오늘은 베트남 영화를 상영합니다.

외국 영화는 없나요?

표 한 장만 주세요.

어떤 좌석으로 드릴까요?

앞쪽으로 주세요.

200,000동입니다.

몇 시에 시작합니까?

곧 시작됩니다.

Hôm nay có chiếu phim Việt Nam.
홈 나이 꼬 찌에우 핌 비엣 남

không có phim nước ngoài à?
콩 꼬 핌 느억 응와이 아

Cho tôi một vé xem phim.
쪼 또이 못 배 쌤 핌

Bạn muốn ngồi chỗ nào?
반 무온 응오이 쪼 나오

Cho tôi chỗ phía trước.
쪼 또이 쪼 피어 쯔억

Hai trăm nghìn đồng.
하이 짬 응인 동

Bắt đầu lúc mấy giờ?
밧 더우 룩 머이 져

Sắp bắt đầu.
삽 밧 더우

관광 — 화장실 찾을 때

실례지만 이 근처에 공중화장실이 있습니까?

저기 빨간색 건물 보이시죠?
거기서 왼쪽으로 돌아가세요.

화장실도 돈을 내야 합니까?

2,000동입니다.

들어가시면,

오른쪽이 여성용이고,

왼쪽이 남성용입니다.

Xin lỗi, ở gần đây có nhà vệ sinh công cộng không?
씬 로이 어 건 더이 꼬 냐 베 신 꽁 꽁 콩

Bạn có thấy toà nhà màu đỏ ở đằng kia không? Ở đấy bạn rẽ trái.
반 꼬 터이 또아 냐 마우 도 어 당 끼어 콩 어 더이 반 재 짜이

Tôi phải nộp tiền sử dụng nhà vệ sinh à?
또이 파이 놉 띠엔 스 중 냐 베 신 아

Hai nghìn đồng.
하이 응인 동

Đi vào trong,
디 바오 쫑

Bên phải là của nữ
벤 파이 라 꾸어 느으

Bên trái là của nam.
벤 짜이 라 꾸어 남

관광 — 사진촬영을 부탁할 때

실례지만, 사진 좀 찍어 주실래요?

예, 그런데 이 사진기 어떻게 사용하나요?

이 버튼을 누르기만 하면 됩니다.

자, 웃으세요. 하나, 둘, 셋!

감사합니다. 당신과 같이 찍어도 됩니까?

좋습니다.

Xin lỗi, bạn có thể chụp ảnh cho tôi được không?
씬 로이 반 꼬 테 쭙 아인 쪼 또이 드억 콩

Vâng, nhưng mà tôi sử dụng máy chụp ảnh này như thế nào?
벙 니응 마 또이 스 중 마이 쭙 아인 나이 니으 테 나오

Bấm nút này là xong.
범 눗 나이 라 쏭

Nào, cười. Một, hai, ba!
나오 끄어이 못 하이 바

Xin cảm ơn. Tôi chụp ảnh với bạn có được không?
씬 깜 언 또이 쭙 아인 버이 반 꼬 드억 콩

O.K. được.
오케 드억

Chapter 8 쇼핑

Tip. 물건 사기

백화점에서

시장에서

가격 흥정하기

물건을 바꿀 때

기타 유용한 표현

Tip. 물건 사기

1 베트남 재래시장

하노이의 구시가지(Phố cổ 포 꼬), 호찌민 시의 벤탄시장 (Chợ Bến Thành 쩌 벤 탄)이 대표적인 재래시장입니다. 각종 의류, 신발, 기념품, 약재 등을 한꺼번에 구경할 수 있고, 흥정만 잘하면 값싸게 구입할 수 있는 시장이기도 합니다. 채소, 생선 등 식료품도 구입이 가능하므로 오전에 일찍 시장에 가서 장을 보는 것도 좋습니다.

재래시장

2 베트남 백화점

하노이의 Parkson(팍슨), 호찌민 시의 Diamond Plaza (다이아몬드 플라자)는 대표적인 대형 백화점입니다. 화장품, 명품 가방, 전자제품 등 비교적 고가의 제품을 팔기 때문에 외국인이나 중상층이 주로 이용하는 곳이기도 합니다.

다이아몬드플라자

3 베트남 면세점

베트남 하노이 노이바이 공항, 호찌민 시 떤선녓 공항에는 각종 술, 화장품, 담배, 기념품 등을 판매하고 있습니다. 공항에서 판매하는 기념품, 먹거리 등은 외부보다 비싸게 팔고 있으므로, 시내에서 사두는 편이 낫습니다. 기내에서도 면세품을 좀 더 저렴하게 판매하므로 선물용으로 구입할 만합니다.

면세점

쇼핑 백화점에서

무엇을 도와드릴까요?

베트남 실크를 사고 싶습니다.

이것은 얼마입니까?

50,000동

100,000동

250,000동입니다.

좀 깎아주실 수 없어요?

미안합니다. 이것뿐이에요.

Tôi giúp được gì cho bạn?
또이 줍 드억 지 쪼 반

Tôi muốn mua lụa Việt Nam.
또이 무온 무어 루어 비엣 남

Cái này bao nhiêu tiền?
까이 나이 바오 니에우 띠엔

Năm mươi nghìn đồng.
남 므어이 응인 동

Một trăm nghìn đồng.
못 짬 응인 동

Hai trăm năm mươi nghìn đồng.
하이 짬 남 므어이 응인 동

Giảm giá được không?
잠 쟈 드억 콩

Xin lỗi, chúng tôi chỉ có cái này thôi.
씬 로이 쭝 또이 찌 꼬 까이 나이 토이

쇼핑 — 시장에서

무엇을 원하십니까?

대부분 각종 생활용품을 팝니다.

좋은 것으로 골라주세요.

저 빨간색 어떠세요?

미터 당 40,000동입니다.

10미터 주세요.

포장해 드릴까요?

따로따로 포장해 주세요.

Bạn cần gì?
반 껀 지

Hầu hết, bán các đồ gia dùng.
허우 헷 반 깍 도 쟈 중

Hãy lựa chọn cho tôi cái tốt.
하이 르어 쫀 쪼 또이 까이 뜻

Cái đỏ kia thế nào?
까이 도 끼어 테 나오

Bốn mươi nghìn đồng một mét.
본 므어이 응인 동 못 맷

Bán cho tôi mười mét.
반 쪼 또이 므어이 맷

Bạn cần gói hàng không?
반 껀 고이 항 콩

Gói hàng từng cái một cho tôi.
고이 항 뜽 까이 못 쪼 또이

쇼핑 — 가격 흥정하기

이것 어떻게 팔지요?

왜 이렇게 비쌉니까?

좀 깎아주세요.

좋아요. 10% 할인해 드리면 되겠죠?

남는 것 없어요.

150,000동 해주세요.

알겠습니다. 다음에도 오세요.

Bán cái này như thế nào?
반 까이 나이 니으 테 나오

Sao đắt thế?
사오 닷 테

Giảm giá cho tôi.
쟘 쟈 쪼 또이

O.K. Tôi giảm giá mười phần trăm, được chứ?
오케 또이 쟘 쟈 므어이 펀 짬 드억 쯔

Tôi không còn gì cả.
또이 콩 꼰 지 까

Bán cho tôi một trăm năm mươi nghìn nhé.
반 쪼 또이 못 짬 남 므어이 응인 녜

Được rồi, lần sau bạn đến mua tiếp nhé!
드억 조이 런 사우 반 덴 무어 띠엡 녜

쇼핑 — 물건을 바꿀 때

이 물건을 바꾸려고 왔습니다.

무슨 문제 있습니까?

작동하지 않아요.

환불을 하려고 하는데요.

Tôi đến đây đổi hàng này.
또이 덴 더이 도이 항 나이

Có vấn đề gì không?
꼬 번 데 지 콩

Nó không hoạt động.
노 콩 호앗 동

Tôi muốn trả lại tiền.
또이 무온 짜 라이 띠엔

쇼핑 — 기타 유용한 표현

실례합니다만, ~을 사고 싶은데요.

얼마입니까?

다른 것을 좀 보여주세요.

무슨 색이 있나요?

좀 더 큰 (작은) 것도 있나요?

이것 (저것)으로 주세요.

좀 더 싸게 해주세요.

따로 포장해 주세요.

Xin lỗi, tôi muốn mua ~.
씬 로이 또이 무온 무어

Bao nhiêu tiền?
바오 니에우 띠엔

Cho tôi xem cái khác.
쪼 또이 쌤 까이 칵

Có màu gì?
꼬 마우 지

Có cái to (nhỏ) hơn không?
꼬 까이 또 (뇨) 헌 콩

Cho tôi cái này (cái kia).
쪼 또이 까이 나이 (까이 끼어)

Hãy giảm giá nữa đi./Bán rẻ hơn một chút nữa đi.
하이 쟘 쟈 느어 디 반 재 헌 못 쭛 느어 디

Gói hàng từng cái một cho tôi.
고이 항 뜽 까이 못 쪼 또이

Chapter 9 비즈니스 & 골프

- Tip. 베트남과 비즈니스
- Tip. 골프장 이용
- 회사 방문할 때
- 공장 견학할 때
- 업무 상담할 때 (1), (2)
- 계약 체결할 때
- 접대에 응했을 때

- 전화 통화
- 골프장 프런트에서
- 티업하러 가면서 (1), (2)
- 티업 10번 홀에서 (1), (2)
- 세컨샷 지점에서 (1), (2)
- 그린에서 (1), (2)
- 골프를 마치면서 (1), (2)

Tip. 베트남과 비즈니스

1 미팅

미팅은 매우 공식적인 것으로 간주하며 약속시간에 앞서 단지 일주일 전에 Confirm을 줌에 따라, 신청자가 그때까지 다른 일정을 잡기 어려운 것이 현실입니다. 미팅 하루 이틀 전에 재확인하고, 파트너와 접촉하여 참석자 명단 및 직위 등을 확보하는 것이 필요합니다. 거래 상담을 위한 회의는 보통 자기 사무실에서 편안한 분위기 아래 진행하기를 희망합니다. 면담 장소에서는 간단한 악수 및 인사말 후에 Host측이 환영 인사하고, 이어 방문자 측이 답사를 하는 것이 일반적입니다.

2 베트남 인사 이름 부르기

1) 직함과 함께 부를 때는

   〈직함 + full name: Chairman 'Pham Van Khai'〉

   Deputy, Vice, Assistant 등 직함은 상위자가 같이 없을 때는 생략하여 높여 불러주는 것이 적절, Deputy Director Khai를 Director Khai와 같은 방식으로 첫 미팅 시 베트남인을 부를 때 조기 관계가 형성되는 것이 중요합니다.

2) 이름 표기 방식

   • 우리와 같이 성과 이름 삼음절로 성-이름(중간)-이름(끝)으로 구성되는데 한국과 달리 끝의 이름만 부릅니다.
   • 베트남 이름의 경우 가운데 이름만으로 성별을 알 수 있는데, Văn(반)은 남자 이름에, Thi(티)는 여자 이름에 사용합니다.
   • 남부지방 사람들(특히 여자들)은 Nguyễn Thị Minh Khai(응웬 티 미민 카이), Trần Thị Hoa Lê(쩐 티 화 레) 등과 같이 4자 이름을

사용하기도 하는데 여기서 Minh(민)자나 Hoa(화)자는 이름을 더 예쁘게 꾸며주는 역할을 합니다.

3 첫 만남

베트남에서 첫 비즈니스 접촉은 전통적으로 대부분 소개에 의해 이루어지는 것이 관례입니다. 최근에는 인터넷, 무역 박람회, 카탈로그, 브로슈어, 광고 및 이메일, 전화 등을 통해 직접 접촉이 가능합니다.

4 비즈니스 관계 형성

비즈니스 관계는 개인적 친분 관계로 개인 생활을 공유할수록 더욱 긴밀해집니다. 비즈니스 이외의 많은 시간을 보내는 개인적 관계가 사업 결정을 좌우하는 요인입니다.

선임자 체면 세워주기 및 명함 수수

① 지위 선임자에 대해 체면을 세워주고 적절한 존경을 표시해 주는 것이 중요합니다.
  - 선임자에 대한 우대적 표시는 정부 기관, 국영기업 접촉 시 더욱 중요합니다.
  - 첫 면담 시 선임자에게 더 좋은 선물을 제공합니다.
  - Host측에서 좌석을 선임자 순으로 배치하고 첫 면담 시 베트남 측에 조언을 구하는 것이 필요합니다.
② Mr.+이름 또는 Mrs+이름 대신에 Chairman+full name, Director+o, Manager+o 등 직함과 함께 불러주는 것이 적절합니다.

③ 명함은 선임자 순으로 모든 참석자들에게 제공하고, 명함을 주거나 받을 때 양손으로 잡고 손을 뻗어 주는 것이 예의입니다.
   - 받은 명함은 주의 깊게 읽는 표정을 통해 존경을 표시합니다.
   - 받은 명함을 호주머니에 쑤셔 넣는 행위는 금물입니다.
   - 대규모 대표단의 경우 우선 선임자만 교환하고, 여타 참석자들은 면담 후에 교환합니다.

5 오·만찬 시

① 베트남 초청자 측이 오·만찬을 대접할 경우 반드시 감사의 표시로 리턴 초대하는 것이 예의입니다.
② Host측의 건배 제의를 시작으로 서로 건배를 제안합니다.
③ Host측이 건배를 제의할 때 최고 선임자나 연장자를 보고 일어나서 양손으로 술잔을 들며 간단한 덕담이 필요합니다.
④ 헤어질 때는 모든 베트남 참석자들과 악수하고 감사의 표시를 합니다.

Tip. 골프장 이용

베트남 북부 지방에 5개 (동모킹스아일랜드, 피닉스, 필린스타, 하노이, 땀다오), 남부 지방에 6개 (송베, 보창동나이, 투덕, 달랏팰리스, 오션튠즈, 롱탄) 약 11개의 골프장이 있습니다. 달랏팰리스는 아시아에서 가장 빛나는 골프장이라는 찬사를 받은 적이 있으며, 상대적으로 값이 저렴해서 이용객의 60~70%가 한국인입니다.

골프장

비즈니스 & 골프 회사 방문할 때

안녕하세요! 누구를 찾으십니까?

저는 사장님과 10시에 만나기로 약속했는데요.

잠시만 기다리세요.

안녕하세요. 저는 한국서울무역회사의 Mr.강입니다.

저희 회사를 방문해 주셔서 감사드립니다.

저도 마찬가지입니다. 이번에는 일전에 이메일로 상의드렸던 일을 상담하고 싶습니다.

좋습니다. 먼저 차 한 잔 하시고 얘기합시다.

Xin chào! Anh tìm ai?
씬 짜오 아인 띰 아이

Tôi đã hẹn với ông giám đốc lúc mười giờ.
또이 다 핸 버이 옹 잠 독 룩 므어이 져

Xin chờ một chút.
씬 쩌 못 쭛

Xin chào. Tôi là Kang của công ty thương mại Seoul Hàn Quốc.
씬 짜오 또이 라 강 꾸어 꽁 띠 트엉 마이 서울 한 꾸옥

Xin cảm ơn vì đã đến thăm công ty chúng tôi.
씬 깜 언 비 다 덴 탐 꽁 띠 쭝 또이

Tôi cũng vậy. Lần này tôi muốn trao đổi ý kiến với ông về công việc mà lần trước tôi đã gửi email cho ông.
또이 꿍 버이 런 나이 또이 무온 짜오 도이 이 끼엔 버이 옹 베 꽁 비엑 마 런 쯔억 또이 다 그이 이메일 쪼 옹

Tốt. Uống trà trước rồi nói chuyện tiếp.
똣 우옹 짜 쯔억 조이 노이 쭈이엔 띠엡

비즈니스 & 골프 공장 견학할 때

이곳은 저희의 생산 공장입니다.

참 크군요. 종업원이 총 몇 명입니까?

이 공장에서는 원료만을 가공합니까?

아니요. 완성품도 생산합니다.

이것이 저희 회사 상품의 카탈로그입니다.

이런 상품들은 국내에만 판매합니까?

이곳의 시설은 모두 베트남에서 제작한 것입니까?

오늘 귀사를 견학할 수 있는 기회를 주셔서 대단히 감사합니다.

Đây là nhà máy sản xuất của chúng tôi.
더이 라 냐 마이 산 쑤엇 꾸어 쭝 또이

To quá. Ở đây có bao nhiêu nhân viên?
또 꾸아 어 더이 꼬 바오 니에우 년 비엔

Ở nhà máy này chỉ gia công nguyên liệu phải không?
어 냐 마이 나이 찌 쟈 꽁 응웬 리에우 파이 콩

Không, cũng có sản xuất hàng thành phẩm.
콩 꿍 꼬 산 쑤엇 항 타인 펌

Đây là danh mục sản phẩm của công ty chúng tôi.
더이 라 자인 묵 산 펌 꾸어 꽁 띠 쭝 또이

Các sản phẩm này có phải chỉ được bán trong nước không?
깍 산 펌 나이 꼬 파이 찌 드억 반 쫑 느억 콩

Tất cả các sản phẩm ở đây đều được sản xuất ở Việt Nam phải không?
떳 까 깍 산 펌 어 더이 데우 드억 산 쑤엇 어 비엣 남 파이 콩

Hôm nay tôi rất cảm ơn vì nhận được cơ hội đến thăm quý công ty.
홈 나이 또이 젓 깜 언 비 년 드억 꺼 호이 덴 탐 꾸이 꽁 띠

비즈니스 & 골프 — 업무 상담할 때 (1)

어느 상품에 흥미가 있으신지요?

저희는 귀사의 실크에 관심이 있습니다.

그러면, 먼저 저희 상품의 견본을 보세요.

아주 좋습니다.

이 몇 종류는 한국 시장에서 잘 팔릴 것 같군요.

저도 그렇게 생각합니다.

다른 나라에서도 역시 그 물건들에 관심이 있습니다.

Ông quan tâm đến sản phẩm nào?
옹 꽌 떰 덴 산 펌 나오

Chúng tôi có quan tâm đến lụa của quý công ty.
쭝 또이꼬 꽌 떰 덴 루어 꾸어 꾸이 꽁 띠

Thế thì, trước hết hãy xem hàng mẫu của chúng tôi.
테 티 쯔억 헷 하이 쌤 항 머우 꾸어 쭝 또이

Rất tốt.
젓 똣

Tôi nghĩ rằng một số loại lụa này có
또이 응이 장 못 소 로아이 루어 나이 꼬

thể bán chạy ở thị trường Hàn Quốc.
테 반 짜이 어 티 쯔엉 한 꾸옥

Tôi cũng nghĩ vậy.
또이 꿍 응이 버이

Các nước khác cũng có quan tâm đến sản phẩm đó.
깍 느억 칵 꿍 꼬 꽌 떰 덴 산 펌 도

업무 상담할 때 (2)

F.O.B. 가격은 어떻습니까?

이것이 저희의 제시 가격표입니다.

제가 생각하기에 좀 비싸군요.

이렇다면, 가격 면에서 한국에서 경쟁력이 없습니다.

그러세요? 만약 우리에게 구매 수량을 말씀해 주신다면 최상의 가격으로 공급할 수 있습니다.

좋습니다. 저희는 귀사와의 거래가 성사되기를 진심으로 희망합니다.

Giá F.O.B. thế nào?
쟈 에프 오 베   테   나오

Đây là bảng báo giá để nghị của chúng tôi.
더이 라 방 바오 쟈 데 응이 꾸어 쭝   또이

Tôi nghĩ rằng gía hơi đắt.
또이 응이 장   쟈 허이   닷

Như vậy, ở Hàn Quốc không có sức cạnh tranh về mặt giá.
니으 버이 어 한 꾸옥 콩 꼬 슥 까인 짠 베 맛 쟈

Thế à? Nếu ông nói cho tôi, số lượng mua
테 아 네우 옹 노이 쪼 또이 소 르엉 무어

chúng tôi có thể cung cấp giá tốt nhất.
쭝   또이 꼬 테 꿍 껍 쟈 똣 녓

Tốt rồi. Chúng tôi thực sự hy vọng
똣 조이 쭝   또이 특 스 히 봉

giao dịch thành công với quý công ty.
쟈오 직   타인   꽁 버이 꾸이 꽁 띠

비즈니스 & 골프 — 계약 체결할 때

이것은 저희들이 만든 계약서인데, 먼저 자세히 검토해 보시죠.

영문 계약서가 있습니까?

있습니다. 이것이 영문본입니다.

뭐 또 다른 의견이 있으십니까?

없습니다.

그러면 이곳에 사인하시죠.

앞으로도 더욱 좋은 협조를 바랍니다.

Đây là bản hợp đồng chúng tôi đã
더이 라 반 흽 동 쭝 또이 다

làm, hãy xem xét kỹ.
람 하이 쌤 쌧 끼

Có bản hợp đồng tiếng Anh không?
꼬 반 흽 동 띠엥 아인 콩

Có. Đây là bản tiếng Anh.
꼬 더이 라 반 띠엥 아인

Có ý kiến khác không?
꼬 이 끼엔 칵 콩

Không có.
콩 꼬

Hãy ký tên ở đây.
하이 끼 뗀 어 더이

Sau này chúng tôi mong muốn được hợp tác tốt hơn.
사우 나이 쭝 또이 몽 무온 드억 흽 딱 똣 헌

비즈니스 & 골프 — 접대에 응했을 때

오늘 저를 위해 이렇게 따뜻한 연회를 베풀어 주셔서 진심으로 감사드립니다.

천만에요. 당신은 처음으로 베트남에 오신 거지요?

아니요. 두 번째입니다.

작년에 온 적이 있습니다.

그래요?

당신을 위해 건배를 제안하겠습니다.

좋습니다. 우리들의 우정을 위하여 건배!

Hôm nay tôi thật sự cảm ơn ông vì
홈 나이 또이 텃 스 깜 언 옹 비

đã mở một bữa tiệc ấm áp cho tôi.
다 머 못 브어 띠엑 엄 압 쪼 또이

Không có gì. Lần này là lần đầu tiên bạn đến Việt Nam, phải không?
콩 꼬 지 런 나이 라 런 더우 띠엔 반 덴 비엣 남 파이 콩

Không. Lần thứ hai.
콩 런 트 하이

Tôi đã từng đến Việt Nam năm ngoái.
또이 다 뜽 덴 비엣 남 남 응와이

Thế à?
테 아

Tôi xin đề nghị chúng ta cạn ly.
또이 씬 데 응이 쭝 따 깐 리

Tốt. Chúc tình bạn của chúng ta! Một hai ba cạn ly!
똣 쭉 띤 반 꾸어 쭝 따 못 하이 바 깐 리

비즈니스 & 골프 전화 통화

A : 여보세요? 안녕하세요? 뚜언 씨.

B : 네, 안녕하세요? 훙 씨.

A : 오늘 오후에 시간 되시면 골프 치러 갈까요?

B : 좋습니다.

그런데 제가 친구 한 명을 데리고 가도 될까요?

A : 물론입니다. 셋이서 치면 더 재미있지요.

그럼 제가 땀다오 골프장으로 오후 1시에 예약해 놓겠습니다.

B : 좋습니다. 이따가 거기서 뵙지요.

Alô? Xin chào anh Tuấn.
알로 씬 짜오 아인 뚜언

Dạ, Xin chào anh Hùng.
자 씬 짜오 아인 훙

Nếu chiều nay rảnh, có đi chơi gôn không?
네우 찌에우 나이 자인 꼬 디 쩌이 곤 콩

Tốt quá.
똣 꽈

Nhưng tôi dẫn thêm một người bạn có được không?
니응 또이 전 템 못 응어이 반 꼬 드억 콩

Dĩ nhiên. Chơi ba người hay hơn.
지 니엔 쩌이 바 응어이 하이 헌

Thế thì tôi sẽ đặt sân gôn Tam Đảo lúc một giờ chiều.
테 티 또이새 닷 선 곤 땀 다오 룩 못 져 찌에우

Tốt. Tí nữa gặp ở đấy.
똣 띠 느어 갑 어 더이

비즈니스 & 골프

골프장 프런트에서

안녕하세요? 예약하셨습니까? (프런트 직원)

네, 오후 1시에 홍 씨 이름으로 3명 예약해 놓았습니다. (손님)

잠시 기다리세요. 예약되어 있습니다.

카트를 사용하시겠습니까? (프런트 직원)

아니요, 고맙습니다. (손님)

캐디피 포함해서 총 100달러입니다. (프런트 직원)

여기 있습니다. (손님)

감사합니다. 들어가세요. (프런트 직원)

Xin chào. Anh đã đặt trước chưa?
씬 짜오 아인 다 닷 쯔억 쯔어

Rồi. Tôi đã đặt ba người lúc một giờ chiều bằng tên Hùng.
조이 또이 다 닷 바 응어이 룻 못 져 찌에우 방 뗀 훙

Chờ một chút. Đã đặt rồi.
쩌 못 쭛 다 닷 조이

Anh có sử dụng xe gôn không?
아인 꼬 스 중 쌔 곤 콩

Không, cảm ơn.
콩 깜 언

Tất cả một trăm đô bao gồm phí người nhặt bóng.
떳 까 못 짬 도 바오 곰 피 응어이 냣 봉

Tiền đây.
띠엔 더이

Xin cảm ơn. Mời vào.
씬 깜 언 머이 바오

비즈니스 & 골프

티업하러 가면서 (1)

훙 씨! 이 쪽은 제 친구 꾸인 씨입니다. (뚜언)

안녕하세요? 만나뵙게 되어 반갑습니다. (훙)

안녕하세요? 저도 마찬가지입니다. (꾸인)

오늘은 평일인데도 사람들이 아주 많네요. (훙)

네, 오늘 날씨가 아주 좋아서 많은 사람들이 치러 왔군요. (꾸인)

보통 얼마나 치십니까? (훙)

보기플레이 정도 합니다. (꾸인)

Anh Hùng ạ! Đây là anh Quỳnh, bạn tôi.
아인 훙 아 더이 라 아인 꾸인 반 또이

Xin chào? Rất vui được gặp anh.
씬 짜오 젓 부이 드억 갑 아인

Xin chào? Tôi cũng vậy.
씬 짜오 또이 꿍 버이

Hôm nay là ngày bình thường mà vẫn có nhiều người chơi nhỉ.
홈 나이 라 응아이 빈 트엉 마 번 꼬 니에우 응어이 쩌이 니

Vâng, Vì thời tiết tốt quá nên nhiều người đến đây chơi.
벙 비 터이 띠엣 똣 꽈 넨 니에우 응어이 덴 더이 쩌이

Anh thường đánh bao nhiêu?
아인 트엉 다인 바오 니에우

Tôi thường đánh BOGEY.
또이 트엉 다인 보게이

비즈니스 & 골프 — 티업하러 가면서 (2)

그럼 다들 비슷비슷하네요. (훙)

그냥 치면 재미없으니, 오늘 경기를 해서 지는 사람이 저녁 대접하는 것이 어떻습니까? (뚜엔)

네, 좋습니다. (훙, 꾸인)

1번홀에 사람이 많으니, 우리는 10번홀에서 시작하는 것이 어떻습니까? (뚜엔)

좋습니다. (훙, 꾸인)

Thế thì chúng ta đánh tương tự với nhau.
테 티 쭝 따 다인 뜨엉 뜨 버이 냐우

Chơi bình thường thì không hay, người bị thua
쩌이 빈 트엉 티 콩 하이 응어이 비 투어
trong trận gôn hôm nay mời ăn tối, thế nào?
쫑 쩐 곤 홈 나이 머이 안 또이 테 나오

O.K. Tốt.
오케 똣

Có nhiều người ở lỗ số một, chúng
꼬 니에우 응어이 어 로 소 못 쭝
ta bắt đầu ở lỗ số mười thế nào?
따 밧 더우 어 로 소 므어이 테 나오

Tốt.
똣

비즈니스 & 골프 티업 10번 홀에서 (1)

누가 먼저 치실까요? 티를 던지기로 하지요. (훙)

그렇게 합시다. (뚜언)

(티가 꾸인씨 쪽으로 떨어졌다) 이런, 제가 먼저 쳐야겠네요. (꾸인)

왼쪽 숲은 OB 지역입니다. (캐디)

어이구, 첫홀부터 어렵네요. (티샷을 한다) (꾸인)

굿 샷! (훙, 뚜언)

이런, 저는 벙커에 빠졌네요. (훙)

저는 헤저드에 빠졌습니다. (뚜언)

Ai đánh trước? Ném thử TEE.
아이 다인 쯔억 냄 트 띠

Đồng ý.
동 이

Ôi trời ơi, tôi sẽ đánh trước.
오이 쩌이 어이 또이 새 다인 쯔억

Rừng bên trái là khu vực cấm (OB).
증 벤 짜이 라 쿠 복 껌 (오베)

Ủa, Khó từ lỗ đầu tiên nhỉ.
우아 코 뜨 로 더우 띠엔 니

GOOD SHOT!
굿 숏

Trời, tôi bị nhập vào BUNKER.
쩌이 또이 비 녑 바오 분께

Tôi bị gặp nước nguy hiểm (WATER HAZARD).
또이 비 갑 느억 응위 히엠

비즈니스 & 골프 티업 10번 홀에서 (2)

그러면 모두 멀리건 하나씩 드리지요. (꾸인)

정말 감사합니다. (훙, 뚜언)

저는 요즘 드라이버 샷이 잘 안 맞네요. (훙)

멀리 가봐야 180~200야드 정도니까요.

굿 샷, 똑바로 가잖아요. (뚜언)

공이 멀리 가도 방향이 틀리면 아무 소용없지요.

(드라이버 샷을 한다) 보세요.
저는 멀리 갔는데도 벙커에 빠졌잖아요.

Thế thì tôi cho phép mọi người đánh một lần nữa (MULLIGAN).
테 티 또이 쪼 팹 모이 응어이 다인 못 런 느어

Cảm ơn nhiều!
깜 언 니에우

Dạo này tôi không đánh tốt DRIVER SHOT.
자오 나이 또이 콩 다인 똣 드리버 숏

Đi xa nhất là từ một trăm tám mươi đến hai trăm yard thôi.
디 싸 녓 라 뜨 못 짬 땀 므어이 덴 하이 짬 야-토이

GOOD SHOT, Đi thẳng mà.
굿 숏 디 탕 마

Bóng gôn đi xa mà sai phương hướng thì không ăn thua gì.
봉 곤 디 싸 마 사이 프엉 흐엉 티 콩 안 투어 지

Xem đi nào. Tôi đánh xa nhưng
쌤 디 나오 또이 다인 싸 니응

bóng gôn bị nhập vào BUNKER.
봉 곤 비 녑 바오 분께

비즈니스 & 골프 — 세컨샷 지점에서 (1)

캐디! 홀까지 몇 야드 남았지요? (훙)

200야드 남았습니다. (캐디)

페어웨이 우드 5번 주세요.

(샷을 한 후) 아이쿠, 그린 옆 러프로 떨어졌네요.

캐디! 얼마 남았지요?

160야드 남았습니다.

벙커에 빠졌으니까, 그냥 편안하게 빼야겠네요. (뚜언)

Em ơi! Đến lỗ vào còn bao nhiêu yard?
앰 어이 덴 로 바오 꼰 바오 니에우 야-

Còn hai trăm yard.
꼰 하이 짬 야드

Cho tôi số năm FAIRWAY WOOD.
쪼 또이 소 남 빼어와이 우-

Trời, bóng bị rơi khu LOUGH.
쩌이 봉 비 저이 쿠 러-

Em ơi ! Còn bao nhiêu nữa?
앰 어이 꼰 바오 니에우 느어

Còn một trăm sáu mươi yard nữa.
꼰 못 짬 사우 므어이 야- 느어

Bóng bị nhập vào BUNKER nên rút
봉 비 녑 바오 분께 넨 줏

ra thoải mái thôi.
자 토아이 마이 토이

비즈니스 & 골프 — 세컨샷 지점에서 (2)

7번 아이언 주세요. (뚜언)

(샷을 한 후) 아이쿠, 또 다시 그린 옆 벙커에 빠졌네요.

오늘은 벙커로만 공을 치네요.

한 150야드 남았나요? (꾸인)

145야드 남았습니다. (캐디)

8번 아이언 주세요. (샷을 한 후 공이 온그린 되었다) (꾸인)

정말 잘 치시네요. (훙)

이제 첫 홀인데요. 나중에 9홀은 어려울 것 같네요. (꾸인)

Cho tôi IRON số bảy.
쪼 또이 이론 소 바이

Trời, bóng bị rơi khu BUNKER cạnh GREEN lại.
쩌이 봉 비 저이 쿠 분께 까인 그린 라이

Hôm nay tôi lại đánh gôn vào khu BUNKER.
홈 나이 또이 라이 다인 곤 바오 쿠 분께

Còn khoảng một trăm năm mươi yard, phải không?
꼰 코앙 못 짬 남 므어이 야- 파이 콩

Còn một trăm bốn mươi lăm yard.
꼰 못 짬 본 므어이 람 야-

Cho tôi IRON số tám.
쪼 또이 이론 소 땀

Anh đánh giỏi thật.
아인 다인 죠이 텃

Bây giờ là lỗ đầu tiên. Tí nữa chắc chín lỗ khó hơn.
버이 져 라 로 더우 띠엔 띠 느어 짝 찐 로 코 헌

비즈니스 & 골프 — 그린에서 (1)

(러프에서 캐디에게) 피칭 주세요. (훙)

자주 안 나와서 칩샷이 잘 될지 모르겠네요.

(훙씨가 칩샷을 한 후 볼이 홀컵 가까이 붙자) 굿 칩! (뚜언)

자주 안 나오신다고 하더니, 어떻게 이렇게 잘 붙이세요?

어, 오늘은 칩샷이 좀 되네요. (훙)

(벙커에서 캐디에게) 캐디, 샌드웨지 주세요.
(친 볼이 벙커에서 나오지 못한다)

아이쿠 이런, 벙커에서 한번에 벙커 탈출을 못하네요. (뚜언)

(다시 친 볼이 온그린된다) 굿 아웃. (훙, 꾸인)

Cho tôi PITCHING.
쪼 또이 삐찡

Lâu rồi không đến thì không biết đánh CHIP SHOT tốt hay không.
러우 조이 콩 덴 티 콩 비엣 다인 찝 숏 똣 하이 콩

Good Chip!
굿 찝

Anh nói lâu rồi không đến nhưng làm sao mà đánh tốt như này?
아인 노이 러우 조이 콩 덴 니응 람 사오 마 다인 똣 니으 나이

Ủa, Hôm nay tôi đánh CHIP SHOT tốt nhỉ.
우아 홈 나이 또이 다인 찝 숏 똣 니

Em ơi, Cho tôi SAND WEDGE.
앰 어이 쪼 또이 산 웨제

Trời ơi, không thoát được một lúc ở BUNKER.
쩌이 어이 콩 토앗 드억 못 룩 어 분께

GOOD OUT.
굿 오웃

비즈니스 & 골프

그린에서 (2)

(캐디에게) 왼쪽 라인이지요? (훙)

(훙씨의 공이 홀에 들어간다) 굿 파입니다. (뚜언, 꾸인)

어휴, 힘들게 파를 했네요. (훙)

(캐디에게) 왼쪽 라인입니까? 아니면 오른쪽 라인입니까? (꾸인)

오른쪽인 것 같네요. (캐디)

(꾸인씨가 친 공이 홀을 약간 벗어난다) 아깝습니다. (뚜언)

이게 들어가도 보기네요.

(뚜언씨가 공을 홀컵에 넣는다) 굿 퍼팅! (훙, 꾸인)

Dòng bên trái, đúng không?
종 벤 짜이 둥 콩

GOOD PAR.
굿 빠

Ôi, khó đánh PAR.
오이 코 다인 빠

Dòng bên trái hay bên phải?
종 벤 짜이 하이 벤 파이

Có lẽ bên phải.
꼬 레 벤 파이

Tiếc quá.
띠엑 꾸아

Đi vào cái này cũng là BOGEY.
디 바오 까이 나이 꿍 라 보게이

GOOD PUTTING!
굿 뿌띵

비즈니스 & 골프 — 골프를 마치면서 (1)

저는 오늘 공이 자꾸 슬라이스가 나네요. (뚜엔)

퍼팅도 좋지 않았어요.

여기 그린이 아주 빠르네요.

네. (훙)

여기서는 퍼팅이 아주 중요해요.

전반 9홀은 좀 되다가,

후반에는 훅이 자꾸 나서 고생했습니다.

그런데 꾸인 씨는 오늘 아주 잘 치셨습니다.

Hôm nay tôi lại đánh SLICE nhỉ.
홈 나이 또이 라이 다인 슬리세 니

PUTTING cũng không tốt.
뿌띵 꿍 콩 똣

GREEN ở đây nhanh quá.
그린 어 더이 냐인 꾸아

Vâng.
벙

PUTTING ở đây rất quan trọng.
뿌띵 어 더이 젓 꽌 쫑

Chín lỗ lúc đầu đánh hay,
찐 로 룩 더우 다인 하이

Nhưng lúc cuối tôi bị HOOK nhiều vất vả quá.
니응 룩 꾸오이 또이 비 훅 니에우 벗 바 꽈

Nhưng hôm nay anh Quỳnh đánh tốt lắm rồi.
니응 홈 나이 아인 꾸인 다인 똣 람 조이

비즈니스 & 골프 — 골프를 마치면서 (2)

고맙습니다. (꾸언)

캐디 팁은 얼마씩 주면 되지요?

200,000동 정도 주시면 됩니다. (훙)

오늘은 제가 졌으니 저녁을 대접해 드리지요.

오늘 매우 즐거웠습니다. (뚜언)

네, 우리도 역시 매우 재미있었습니다. (훙, 꾸언)

Cảm ơn anh.
깜 언 아인

Tôi đưa tiền cho người nhặt bóng bao nhiêu?
또이 드어 띠엔 쪼 응어이 냣 봉 바오 니에우

Hai trăm nghìn đồng là được.
하이 짬 응인 동 라 드억

Hôm nay tôi bị thua nên tôi mời ăn tối.
홈 나이 또이 비 투어 넨 또이 머이 안 또이

Hôm nay tôi đã rất vui vẻ rồi.
홈 나이 또이 다 젓 부이 배 조이

Vâng, chúng tôi cũng thấy rất thú vị rồi.
벙 쭝 또이 꿍 터이 젓 투 비 조이

Chapter 10 공공시설

Tip. 베트남의 서비스 시설

시내 전화 걸기

잘못 걸었을 때

부재중일 때

호텔 룸에서 한국으로 국제 전화 걸기

수신자부담 전화 걸기

팩스 보내기

환전하기

한국으로 편지 보내기

한국으로 소포 부치기

기타 유용한 표현

Tip. 베트남의 서비스 시설

1 전화를 이용할 때

여행 도중 한국으로 국제 전화를 걸고자 할 때 호텔의 국제 전화 서비스를 이용하는 것이 가장 편리합니다.

유선 전화로 거는 방법은 0082+지역번호 앞의 0을 빼고+전화번호(예를 들면, 0082+2+3456+7899), 이동 전화로 거는 방법은 0082+휴대전화번호 앞의 0을 빼고 (예를 들면, 0082+10+2345+6789) 걸면 됩니다. 로밍한 휴대 전화로 한국으로 걸 수도 있으나, 편리한 반면 값은 비쌉니다.

2 은행을 이용할 때

베트남에서 달러에서 베트남동으로의 환전은 은행, 공항, 호텔에서 가능합니다. 시장 환율과 기준 환율이 조금 달라서 차이가 날 수 있으므로 영수증을 꼭 챙기도록 합니다. 또한 신용카드 사용은 불편하므로 소액 환전하여 사용하는 것이 편리합니다.

공중전화

3 우체국을 이용할 때

하노이의 호안끼엠 앞에 있는 중앙우체국, 호찌민 시의 다이아몬드 플라자 앞에 있는 중앙우체국을 편리하게 이용할 수 있습니다. 편지, 소포 부치기, 또는 컬렉트콜 전화까지 이용할 수 있습니다.

우체국

공공시설 시내 전화 걸기

여보세요? 띠엔 씨 계십니까?

전데요.

정국진입니다. 어제 베트남에 도착했습니다.

뵙고 싶은데, 언제 만날 수 있을까요?

좋습니다. 제가 4시에 당신을 찾아가지요.

이쪽을 찾으실 수 있겠어요?

제가 찾을 수 있어요. 조금 후에 뵙죠.

좋습니다. 조금 후에 만납시다.

Alo? Anh Tiến có ở đấy không?
알로 아인 띠엔 꼬 어 더이 콩

Tôi nghe đây.
또이 응애 더이

Tôi là KOOK JIN JEONG. Hôm qua tôi vừa mới sang Việt Nam.
또이 라 국 진 정 홈 꽈 또이 브어 머이 상 비엣 남

Tôi muốn gặp anh nhưng bao giờ tôi gặp anh được?
또이 무온 갑 아인 니응 바오 져 또이 갑 아인 드억

Tốt. Tôi đến thăm anh lúc bốn giờ.
똣 또이 덴 탐 아인 룩 본 져

Anh có thể tìm chỗ này được không?
아인 꼬 테 띰 쪼 나이 드억 콩

Tôi tìm được. Tí nữa gặp anh.
또이 띰 드억 띠 느어 갑 아인

Tốt. Lát nữa gặp nhau.
똣 랏 느어 갑 나우

공공시설 잘못 걸었을 때

여보세요.

꾸인 씨와 통화하고 싶습니다.

여기는 꾸인 씨라는 분은 없습니다.

몇 번 거셨습니까?

3254-4831 아닙니까?

아닙니다.

이곳은 3254-4832번입니다.

죄송합니다.

Alô.
알로

Tôi muốn nói chuyện với Quỳnh.
또이 무온 노이 쭈이엔 버이 꾸인

Ở đây không có Quỳnh.
어 더이 콩 꼬 꾸인

Anh gọi số mấy?
아인 고이 소 머이

Không phải là số ba hai năm bốn bốn tám ba một à?
콩 파이 라 소 바 하이 남 본 본 땀 바 못 아

Không phải.
콩 파이

Đây là số ba hai năm bốn, bốn tám ba hai.
더이 라 소 바 하이 남 본 본 땀 바 하이

Xin lỗi.
씬 로이

공공시설 — 부재중일 때

여보세요. 베트남 무역회사입니까?

네, 누구를 찾으시죠?

국제무역부의 쭝 씨 계십니까?

죄송합니다만, 막 나가셨는데요.

전하실 말씀 있으십니까?

그에게 전해주세요.

저는 박준성이라는 사람인데, 지금 하노이에 묵는다고요.

돌아오시면 전화 좀 달라고 해주세요.

Alô. Công ty thương mại Việt Nam, phải không?
알로   꽁   띠   트엉   마이 비엣   남   파이   콩

Vâng, Anh tìm ai?
벙   아인   띰 아이

Có anh Trung ở phòng thương mại quốc tế không?
꼬 아인   쭝   어   퐁   트엉   마이 꾸옥 떼   콩

Xin lỗi, anh ấy vừa đi ra ngoài rồi.
씬   로이   아인   어이 브어   디   자   응와이   조이

Anh có nhắn gì không?
아인   꼬   냔   지   콩

Nhờ anh chuyển lời cho anh ấy.
녀   아인   쭈이엔   러이   쪼   아인   어이

Tôi là JUN SEONG PARK, hiện đang ở Hà Nội.
또이 라   준   성   박   히엔   당   어 하 노이

Anh nói giúp gọi điện cho tôi sau khi về đến nhà.
아인 노이   줍   고이 디엔   쪼   또이 사우   키   베   덴   냐

공공시설 호텔 룸에서 한국으로 국제 전화 걸기

안녕하세요. 어디로 전화하시겠습니까?

한국으로 국제 전화하려고 합니다.

어느 도시입니까?

대전이요.

번호는요?

742-2358입니다.

손님의 객실 번호와 이름을 말씀하세요.

Xin chào. Bạn định gọi điện đến đâu?
씬 짜오 반 딘 고이 디엔 덴 더우

Tôi định gọi điện quốc tế đến Hàn Quốc.
또이 딘 고이 디엔 꾸옥 떼 덴 한 꾸옥

Thành phố nào?
타인 포 나오

ĐAE JEON ạ.
대 전 아

Số mấy?
소 머이

Bảy bốn hai hai ba năm tám.
바이 본 하이 하이 바 남 땀

Hãy nói số phòng của bạn và tên.
하이 노이 소 퐁 꾸어 반 바 뗀

공공시설 수신자부담 전화 걸기

안녕하세요. 어디로 전화하시겠습니까?

수신자 부담으로 국제 전화하려고 합니다.

어디에 거실 겁니까?

한국 서울입니다.

번호가 몇 번입니까?

번호는 82-2-3474-5156입니다.

누구에게 거십니까?

집으로 거는 겁니다.

Xin chào. Bạn định gọi điện đến đâu?
씬   짜오   반   딘   고이   디엔   덴   더우

Tôi định gọi điện quốc tế bằng người nghe chịu cước phí.
또이 딘 고이 디엔 꾸옥 떼 방 응어이 응애 찌우 끄억 피

Gọi điện đến đâu?
고이   디엔   덴   더우

Seoul Hàn Quốc.
서울   한   꾸옥

Số điện thoại là số mấy?
소   디엔   토아이   라   소   머이

Số điện thoại là tám hai hai ba bốn bảy bốn năm một năm sáu.
소 디엔 토아이 라 땀 하이 하이 바 본 바이 본 남 못 남 사우

Gọi điện cho ai?
고이   디엔   쪼   아이

Gọi điện cho nhà.
고이   디엔   쪼   냐

공공시설 — 팩스 보내기

안녕하세요.

무슨 일이시죠?

서울로 팩스 한 장 보내려고요.

내용과 팩스번호를 기입해 주세요.

다 썼습니다. 한 장 보내는 데 얼마입니까?

한 장에 2,000동입니다.

잠시 기다려 주세요.

보냈습니다. 여기 영수증입니다.

Xin chào.
씬 짜오

Có việc gì?
꼬 비엑 지

Tôi cần gửi một tờ FAX đến Seoul.
또이 껀 그이 못 떠 팍스 덴 서울

Hãy ghi vào nội dung và số FAX.
하이 기 바오 노이 중 바 소 팍스

Viết xong rồi. Gửi một tờ bao nhiêu tiền?
비엣 쏭 조이 그이 못 떠 바오 니에우 띠엔

Hai nghìn đồng một tờ.
하이 응인 동 못 떠

Chờ một chút.
쩌 못 쭛

Đã gửi xong. Hoá đơn đây.
다 그이 쏭 호아 던 더이

공공시설 환전하기

여기에서 외화 바꿉니까?

얼마나 바꾸십니까?

미화 200달러요.

여권을 보여주십시오.

여기 있습니다.

이 신청서를 작성해 주세요.

이렇게 쓰면 됩니까?

맞습니다. 돈 여기 있습니다. 확인해보세요.

Ở đây có đổi tiền không?
어 더이 꼬 도이 띠엔 콩

Anh đổi bao nhiêu tiền?
아인 도이 바오 니에우 띠엔

Hai trăm đô la Mỹ.
하이 짬 도 라 미

Cho tôi xem hộ chiếu.
쪼 또이 쌤 호 찌에우

Đây ạ.
더이 아

Hãy ghi vào tờ giấy.
하이 기 바오 떠 져이

Ghi như này có được không?
기 니으 나이 꼬 드억 콩

Đúng rồi. Tiền đây. Hãy kiểm tra xem.
둥 조이 띠엔 더이 하이 끼엠 짜 쌤

공공시설 — 한국으로 편지 보내기

국제우편으로 보내려고 합니다.

어느 나라로 부치십니까?

한국의 서울입니다.

보통우편이요, 아니면 등기로 하실 건가요?

보통우편이요.

1,500동짜리 우표를 붙이세요.

얼마나 걸립니까?

5일 정도요.

Tôi muốn gửi thư quốc tế.
또이 무온 그이 트 꾸옥 떼

Gửi đến nước nào?
그이 덴 느억 나오

Seoul Hàn Quốc.
서울 한 꾸옥

Thư đi bình thường hay thư đi nhanh?
트 디 빈 트엉 하이 트 디 냐인

Thư đi bình thường ạ.
트 디 빈 트엉 아

Hãy dán tem giá một nghìn năm trăm đồng.
하이 잔 땜 쟈 못 응인 남 짬 동

Mất bao lâu?
멋 바오 러우

Khoảng năm ngày.
코앙 남 응아이

공공 시설 한국으로 소포 부치기

한국으로 책을 좀 보내려고 하는데요.

열어서 봐도 됩니까?

왜죠?

안의 내용물을 검사해야 합니다.

책뿐입니다.

소포료가 전부 150,000동입니다.

여기 있습니다. 얼마나 걸리나요?

5일 정도 걸립니다.

Tôi muốn gửi sách đến Hàn Quốc.
또이 무온 그이 사익 덴 한 꾸옥

Tôi mở ra xem được không?
또이 머 자 샘 드억 콩

Vì sao?
비 사오

Tôi phải kiểm tra nội dung bên trong.
또이 파이 끼엠 짜 노이 중 벤 쫑

Chỉ có sách thôi.
찌 꼬 사익 토이

Chi phí gửi bưu phẩm tổng cộng là một trăm năm mươi nghìn đồng.
찌 피 그이 브우 펌 똥 꽁 라 못 짬 남 므어이 응인 동

Tiền đây. Mất thời gian bao lâu?
띠엔 더이 멋 터이 쟌 바오 러우

Mất khoảng năm ngày.
멋 코앙 남 응아이

공공시설 기타 유용한 표현

우체국이 어디 있습니까?

우체국은 몇 시에 엽니까? (닫습니까?)

저는 포장지를 사려고 합니다.

우표는 어느 창구에서 팝니까?

항공우편(배편)으로 보내 주세요.

빠른 우편으로 해 주세요.

한국으로 부치는 데 얼마입니까?

이 소포 (편지)는 등기로 해 주세요.

Bưu điện ở đâu?
브우 디엔 어 더우

Bưu điện mở lúc mấy giờ?(đóng)
브우 디엔 머 룩 머이 져 (동)

Tôi định mua giấy bọc hộp.
또이 딘 무어 져이 복 홉

Bán tem ở quầy nào?
반 땜 어 꾸어이 나오

Cho tôi gửi bằng đường hàng không (đường tàu thủy).
쪼 또이 그이 방 드엉 항 콩 (드엉 따우 투이)

Gửi chuyến đi nhanh.
그이 쭈이엔 디 냐인

Gửi đến Hàn Quốc là bao nhiêu tiền?
그이 덴 한 꾸옥 라 바오 니에우 띠엔

Hãy gửi bưu phẩm(thư) này đi nhanh.
하이 그이 브우 펌 (트) 나이 디 냐인

Chapter 11 긴급상황

Tip. 트러블 대처법

공항에서 짐을 찾지 못했을 때

여권을 분실했을 때

지갑을 도난 당했을 때

병원에서 (1), (2)

의사가 하는 표현 (1), (2), (3)

기타 유용한 표현

Tip. 트러블 대처법

만약 여권을 잃어버렸거나 사고 발생 시 즉시 주 베트남 한국 대사관으로 연락해서 상황을 설명하고 재발급 수속 및 긴급 구조요청을 해야 합니다.

1 주베트남대한민국대사관

① 대사관

소재지	28th Fl., Lotte Center Hanoi, 54 Lieu Giai St., Ba Dinh District, Hanoi, Vietnam
전화	• 베트남에서 걸 때 : (024) 3831-5110~6 • 한국 또는 해외에서 걸 때 : +84-24) 3831-5110~6
팩스	+84-24) 3831-5117
대표메일	embkrvn@mofa.go.kr

② 근무시간 외 비상연락(당직) 전화

• 베트남에서 걸 때 : (휴대폰) 090-402-6126 / 090-462-5515
• 한국 또는 해외에서 걸 때 : (휴대폰) 84-90-402-6126 / 84-90-462-5515
영사 업무 관련 일반 민원 문의는 긴급을 요하지 않는 경우 근무시간 내에 영사부 직통전화 (04-3771-0404)를 이용 하시거나 전자민원을 이용해 주시기 바랍니다.

팩스	+84-24) 3831-5117
대표메일	embkrvn@mofa.go.kr

③ 영사부

주소	7th Fl., Charmvit Tower, 117 Tran Duy Hung St., Hanoi, Vietnam
전화	• 베트남에서 걸 때 : (024) 3771-0404 • 한국 또는 해외에서 걸 때 : +84-24) 3771-0404
팩스	+84-24) 3831-6834
대표메일	embkrvn@mofa.go.kr

2 긴급 연락처

범죄신고	113
화재신고	114
응급환자(앰뷸런스)	115
하노이 이민국	024) 3934-5609
하노이 경찰서	024) 3942-4244
Korea Clinic	024) 3843-7231, 04) 3734-6837
베트남-한국 치과	024) 3794-0471
SOS International 병원	024) 3934-0555(응급실), 024) 3934-0666(일반진료상담)
베트남 국제병원(프랑스 병원)	024) 3577-1100
Family Medical Practice	024) 3726-5222 (한국인 간호사 및 통역원 상주)

3 통신

① 전화

하노이 시내에 카드식 공중전화와 일반 공중전화가 있으나 숫자가 매우 적고, 국제전화는 호텔이나 우체국 창구에서 가능합니다. 시내 통화요금은 첫 1분간 VND 1,200이고, 분당 VND 400씩 추가됩니다.

② 인터넷 사용 현황

하노이 시내에 PC방이 여러 곳 성업 중에 있으며, 전화선 또는 전용 회선을 통한 인터넷 이용이 가능합니다. 국가의 기간 인터넷망의 용량이 작아 인터넷 속도가 느린 편이며, 최근 ADSL 등 초고속 인터넷망이 보급되고 있는 실정입니다.

긴급 상황 — 공항에서 짐을 찾지 못했을 때

제 짐을 찾지 못했는데 어떻게 해야 합니까?

안내소로 가서 물어보세요.

실례지만, 제 짐을 찾지 못했습니다.

어느 편을 타셨지요?

베트남항공 936편입니다.

이 서식에 기입하세요.

짐을 찾으면 어디로 연락을 해야 합니까?

이 호텔로 전화 주시면 됩니다.

Tôi chưa tìm được hành lý của tôi thì tôi phải làm như thế nào?
또이 쯔어 띔 드억 하인 리 꾸어 또이 티 또이 파이 람 니으 테 나오

Hãy đến quầy hướng dẫn hỏi xem.
하이 덴 꾸어이 흐엉 전 호이 쌤

Xin lỗi, tôi chưa tìm được hành lý của tôi.
씬 로이 또이 쯔어 띔 드억 하인 리 꾸어 또이

Bạn lên chuyến bay nào?
반 렌 쭈이엔 바이 나오

Chuyến bay chín ba sáu hãng hàng không Việt Nam.
쭈이엔 바이 찐 바 사우 항 항 콩 비엣 남

Hãy ghi vào giấy tờ này.
하이 기 바오 져이 떠 나이

Sau khi tìm được hành lý, tôi phải liên hệ đến đâu?
사우 키 띔 드억 하인 리 또이 파이 리엔 헤 덴 더우

Gọi điện đến khách sạn này là được.
고이 디엔 덴 카익 산 나이 라 드억

긴급 상황 여권을 분실했을 때

여권을 잃어버렸는데, 어떻게 해야 합니까?

먼저 한국대사관에 가서 신고하세요.

무슨 일이십니까?

여권을 잃어버렸어요.

이 서식을 작성하세요.

다 썼습니다.

여권이 재발급되면 연락하겠습니다.

Tôi bị mất hộ chiếu thì phải làm như thế nào?
또이 비 멋 호 찌에우 티 파이 람 니으 테 나오

Trước hết, hãy đến đại sứ quán Hàn Quốc thông báo.
쯔억 헷 하이 덴 다이 스 꽌 한 꾸옥 통 바오

Có việc gì?
꼬 비엑 지

Tôi bị mất hộ chiếu.
또이 비 멋 호 찌에우

Hãy viết vào giấy tờ này.
하이 비엣 바오 져이 떠 나이

Tôi đã ghi xong.
또이 다 기 쏭

Sau khi cấp hộ chiếu mới, tôi sẽ liên lạc với anh.
사우 키 껍 호 찌에우 머이, 또이 새 리엔 락 버이 아인

긴급상황 지갑을 도난 당했을 때

무슨 일로 오셨습니까?

제 지갑을 도난 당했어요.

제게 장소와 시간을 알려주세요.

21번 버스에서입니다. 대략 오후 4시쯤입니다.

안에 무엇이 있었나요?

현금 약간하고 신용카드요.

먼저 분실증명서를 떼어드릴게요.

은행에 가서 재발급을 신청하세요.

Anh đến đây có việc gì?
아인 덴 더이 꼬 비엑 지

Tôi bị mất cắp ví của tôi.
또이 비 멋 깝 비 꾸어 또이

Hãy nói cho tôi địa điểm và thời gian.
하이 노이 쪼 또이 디어 디엠 바 터이 쟌

Ở trong xe buýt số hai mốt . Khoảng bốn giờ chiều.
어 쫑 쌔 부잇 소 하이 못 코앙 본 져 찌에우

Trong ví có gì?
쫑 비 꼬 지

Ít tiền mặt và thẻ tín dụng.
잇 띠엔 맛 바 태 띤 중

Trước hết, tôi cho anh giấy chứng nhận bị mất.
쯔억 헷 또이 쪼 아인 져이 쯩 년 비 멋

Hãy đến ngân hàng, xin cấp mới.
하이 덴 응언 항 씬 껍 머이

긴급 상황 — 병원에서 (1)

진찰 좀 받고 싶습니다.

어떤 과를 보시려고요?

배가 아파요. 무슨 과인지 모르겠어요.

내과입니다. 외국인입니까?

네, 그렇습니다.

외국인 진찰비는 200,000동입니다.

여기 있습니다.

이것이 진찰권입니다.

Tôi muốn khám bệnh.
또이 무온 캄 베인

Anh muốn khám khoa nào?
아인 무온 캄 코아 나오

Tôi bị đau bụng. Không biết khoa nào.
또이 비 다우 붕 콩 비엣 코아 나오

Khoa nội. Anh là người nước ngoài, phải không?
코아 노이 아인 라 응어이 느억 응와이 파이 콩

Dạ. phải.
자 파이

Phí khám bệnh của người nước ngoài là hai trăm nghìn đồng.
피 캄 베인 꾸어 응어이 느억 응와이 라 하이 짬 응인 동

Tiền đây.
띠엔 더이

Đây là phiếu khám bệnh.
더이 라 피에우 캄 베인

긴급 상황 병원에서 (2)

어디가 아프십니까?

어제 저녁부터 계속 설사가 나요.

보아하니 배탈이 난 것 같습니다.

제가 약을 처방해 드릴 테니, 먼저 1층에 가서 약값을 지불하고 약을 받아가세요.

감사합니다. 의사 선생님.

Anh đau ở đâu?
아인 다우 어 더우

Tôi bị tiêu chảy từ tối hôm qua.
또이 비 띠에우 짜이 뜨 또이 홈 꾸아

Trông anh bị bệnh về tiêu hóa.
쫑 아인 비 베인 베 띠에우 호아

Tôi cho anh đơn thuốc, trước hết xuống tầng
또이 쪼 아인 던 투옥 쯔억 헷 쑤옹 떵

một thanh toán tiền thuốc rồi, lấy thuốc về nhà.
못 타인 또안 띠엔 투옥 조이 러이 투옥 베 냐

Xin cảm ơn. Bác sĩ.
씬 깜 언 박 시

긴급 상황 - 의사가 하는 표현 (1)

움직이지 마세요.

이러한 느낌이 얼마나 오래 되었나요?

혈압(체온)을 재세요.

상의를 벗으세요.

이 침대에 누우세요.

입을 크게 여세요.

숨을 깊이 들이쉬세요.

밖에서 기다리세요.

Đừng di chuyển.
등 지 쭈이엔

Anh thấy cảm giác như này trong bao lâu rồi?
아인 터이 깜 작 니으 나이 쫑 바오 러우 조이

Hãy kiểm tra huyết áp (nhiệt độ).
하이 끼엠 짜 후이엣 압 (니엣 도)

Hãy cởi áo đi.
하이 꺼이 아오 디

Hãy nằm trên giường này.
하이 남 쩬 즈엉 나이

Hãy mở miệng to.
하이 머 미엥 또

Hãy thở sâu.
하이 터 서우

Hãy chờ một chút ở ngoài.
하이 쩌 못 쭛 어 응와이

긴급상황 - 의사가 하는 표현 (2)

지금 혈액(소변) 검사를 합니다.

X레이를 찍으세요.

소화불량입니다.

세균에 감염되었습니다.

지금 주사를 맞아야 합니다.

이틀 정도 쉬어야 합니다.

바로 입원하세요.

담배, 술 하지 마세요.

Bây giờ kiểm tra máu (nước tiểu).
버이 져 끼엠 짜 마우 (느억 띠에우)

Hãy chụp X quang.
하이 쫍 익시 꽝

Không tiêu hoá.
콩 띠에우 화

Bị nhiễm vi khuẩn.
비 니엠 비 쿠언

Bây giờ anh phải tiêm.
버이 져 아인 파이 띠엠

Anh phải nghỉ khoảng hai ngày.
아인 파이 응이 코앙 하이 응아이

Hãy nhập viện ngay đi.
하이 녑 비엔 응아이 디

Đừng hút thuốc và uống rượu.
등 훗 투옥 바 우옹 즈어우

긴급 상황 — 의사가 하는 표현 (3)

화상을 입었군요.

무릎을 좀 올리세요.

지병이 있습니까?

전에도 이런 적이 있었습니까?

식욕은 평상시와 같습니까?

매운 음식을 먹지 마세요.

내일 다시 오세요.

한국으로 돌아가는 게 좋겠습니다.

Anh bị bỏng rồi.
아인 비 봉 조이

Hãy nâng đầu gối lên một chút.
하이 넝 더우 고이 렌 못 쭛

Anh có bệnh mãn tính không?
아인 꼬 베인 만 띤 콩

Lần trước có tình trạng như này không?
런 쯔억 꼬 띤 짱 니으 나이 콩

Sự thèm ăn giống như ngày thường không?
스 템 안 죵 니으 응아이 트엉 콩

Đừng ăn món cay.
등 안 몬 까이

Hãy đến khám lại ngày mai.
하이 덴 캄 라이 응아이 마이

Anh nên về Hàn Quốc.
아인 넨 베 한 꾸옥

긴급 상황 — 기타 유용한 표현

제 몸이 좋지 않습니다.

의사 좀 불러주세요.

이 근처에 병원이 있나요?

저를 병원으로 데려다 주세요.

한국어를 하는 의사가 있습니까?

다음 번 진료예약을 좀 해 주세요.

여기가 좀(많이) 아파요.

감기인 것 같아요.

Tôi thấy không khoẻ.
또이 터이 콩 쾌

Hãy gọi bác sĩ giúp.
하이 고이 박 시 줍

Ở gần đây có bệnh viện không?
어 건 더이 꼬 베인 비엔 콩

Hãy đưa tôi đến bệnh viện.
하이 드어 또이 덴 베인 비엔

Có bác sĩ nói được tiếng Hàn không?
꼬 박 시 노이 드억 띠엥 한 콩

Hãy hẹn trước lần khám bệnh tiếp theo.
하이 핸 쯔억 런 캄 베인 띠엡 태오

Tôi thấy đau ở đây một chút (nhiều).
또이 터이 다우 어 더이 못 쭛 (니에우)

Trông anh có vẻ bị cảm cúm.
쫑 아인 꼬 배 비 깜 꿈

Chapter 12 귀국

> Tip. 귀국할 때 공항에서

귀국편 예약할 때

예약 재확인하기

탑승 수속할 때

배웅 인사할 때

Tip. 귀국할 때 공항에서

귀국 전 기본적으로 귀국편 항공권을 재확인합니다. 항공사나 여행사에 전화를 걸어서 예약을 확인합니다. 그리고 체크인 시 수하물이 중량 초과를 하면 추가 요금을 내는 것이 원칙이나, 경우에 따라서는 봐주기도 합니다.
또한, 탑승 시간 2시간 전에는 미리 공항에 도착하여 출국 수속을 밟습니다.

① 하노이, 호찌민에서 한국으로 귀국하는 대한 항공, 아시아나 항공, 베트남 항공은 대부분 밤 11시 이후에 인천 또는 부산으로 배치되어 새벽 비행입니다.
최근에는 베트남 항공에서 현지에서 오전에 출발하여 한국에 오후에 도착하는 비행편이 추가되었고, 대구, 무안에 취항하는 노선을 증편할 예정입니다. 비행시간은 약 4~5시간 걸립니다.

② 공항으로 택시를 타고 가서 이용하는 항공사의 카운터에 여권과 항공권을 제시하고 탑승권을 발부받은 후 수하물을 부칩니다.

③ 출국심사대로 들어가서 여권과 항공권을 제시합니다.
(술, 칼, 베트남 과일 등은 통관이 되지 않을 가능성이 많음)

④ 공항 면세점에서 대기하거나 VIP 라운지(이코노미 좌석일 경우 $15불을 지불하면 이용 가능)를 이용하여 탑승 시간을 기다립니다.

⑤ 한국 도착 시 입국 심사대에서 여권을 제시하고 입국심사를 받습니다.

⑥ 수하물을 챙겨서 입국 심사 카드를 제시하고 입국합니다.

호찌민 공항

귀국 귀국편 예약할 때

안녕하세요. 베트남 항공입니다.

12월 25일 한국 서울로 가는 좌석을 예약하고 싶은데요.

손님 성함과 예약번호를 말씀해 주십시오.

이름은 정보라고, 예약번호는 KE 680입니다.

그러면, 12월 20일의 좌석은 취소하겠습니다.

손님의 비행기편은 12월 25일 VN986입니다.

Xin chào. Đây là hãng hàng không Việt Nam.
씬 짜오 더이 라 항 항 콩 비엣 남

Tôi muốn đặt vé máy bay sang Seoul Hàn
또이 무온 닷 배 마이 바이 상 서울 한

Quốc vào ngày hai mươi lăm tháng mười hai.
꾸옥 바오 응아이 하이 므어이 람 탕 므어이 하이

Hãy nói tên bạn và số đặt vé.
하이 노이 뗀 반 바 소 닷 배

Tên là BORA JEONG số đặt vé là KE sáu tám không.
뗀 라 보라 정 소 닷 배 라 까애 사우 땀 콩

Thế thì, tôi sẽ hủy bỏ vé của ngày hai mươi tháng mười hai.
테 티 또이 새 후이 보 배 꾸어 응아이 하이 므어이 탕 므어이 하이

Chuyến bay của bạn là VN chín tám
쭈이엔 바이 꾸어 반 라 버엔너 찐 땀

sáu ngày hai mươi lăm tháng mười hai.
사우 응아이 하이 므어이 람 탕 므어이 하이

귀국 — 예약 재확인하기

안녕하세요. 베트남 항공입니다.

서울 가는 좌석 재확인하려고 하는데요.

손님의 영문 이름을 말씀해주세요.

JEONG BO RA입니다.

손님은 12월 25일 서울로 가는 VN986이시지요?

맞습니다.

예. 재확인되셨습니다.

Xin chào. Đây là hãng hàng không Việt Nam.
씬 짜오 더이 라 항 항 콩 비엣 남

Tôi định kiểm tra lại vé đi Seoul.
또이 딘 끼엠 짜 라이 배 디 서울

Hãy nói tên tiếng Anh của bạn.
하이 노이 뗀 띠엥 아인 꾸어 반

Tên tôi là JEONG BO RA.
뗀 또이 라 정 보 라

Bạn đi Seoul vào ngày hai mươi lăm tháng
반 디 서울 바오 응아이 하이 므어이 람 탕

mười hai bằng chuyến bay chín tám sáu, đúng không?
므어이 하이 방 쭈이엔 바이 찐 땀 사우 둥 콩

Đúng rồi.
둥 조이

Dạ. kiểm tra lại xong rồi.
자 끼엠 짜 라이 쏭 조이

귀국 탑승 수속할 때

서울 가는 베트남 항공 카운터가 어디 있습니까?

7번 카운터로 가세요.

비행기표와 여권을 주세요.

짐 있습니까?

큰 가방 두 개입니다.

실례지만 창가 쪽의 좌석으로 주시겠습니까?

이것이 보딩패스이며, 게이트는 7번이고 탑승은 11시부터입니다.

Quầy đi Seoul của hãng hàng không Việt Nam ở đâu?
꾸어이 디 서울 꾸어 항 항 콩 비엣 남 어 더우

Hãy đến quầy số bảy.
하이 덴 꾸어이 소 바이

Cho tôi xem vé máy bay và hộ chiếu.
쪼 또이 쌤 배 마이 바이 바 호 찌에우

Có hành lý không?
꼬 하인 리 콩

Có hai hành lý to.
꼬 하이 하인 리 또

Xin lỗi, cho tôi ngồi chỗ bên cửa sổ có được không?
씬 로이 쪼 또이 응오이 쪼 벤 끄어 소 꼬 드억 콩

Đây là phiếu lên máy bay, Cửa ra số bảy còn
더이 라 피에우 렌 마이 바이 끄어 자 소 바이 꼰

bắt đầu lên máy bay từ mười một giờ.
밧 더우 렌 마이 바이 뜨 므어이 못 져

귀국 배웅 인사할 때

이렇게 배웅 나와주셔서 정말 고맙습니다.

천만에요.

돌아가시면 가족들에게 안부 전해주세요.

돌아가면 곧 연락 드리겠습니다.

편안히 돌아가세요.

항상 건강하게 지내세요.

이번에 당신께 폐 많이 끼쳤습니다.

베트남을 떠나기가 정말로 아쉽습니다.

Xin cảm ơn vì đã tiễn tôi.
씬 깜 언 비 다 띠엔 또이

Không có gì.
콩 꼬 지

Về nước rồi cho tôi gửi lời hỏi thăm đến gia đình bạn.
베 느억 조이 쪼 또이 그이 러이 호이 탐 덴 쟈 딘 반

Sau khi về nước, tôi sẽ gọi cho bạn.
사우 키 베 느억 또이 새 고이 쪼 반

Chúc về bình an.
쭉 베 빈 안

Chúc bạn luôn có sức khoẻ tốt.
쭉 반 루온 꼬 슥 쾌 똣

Tôi đã làm phiền bạn lần này.
또이 다 람 피엔 반 런 나이

Tôi rất tiếc vì phải rời Việt Nam sớm.
또이 젓 띠엑 비 파이 저이 비엣 남 섬

309

Memo

Memo

Memo